Paroles et Semences de Vie

Tome VII

Soria
Maître d'information pour les Créateurs de notre Univers
Texte reçu par **Régine Françoise Fauze**

Les interventions du Maître Cristal de notre Super-Univers
texte reçu par **Didier Wagner**

Paroles et Semences de Vie
SORIA
Tome VII

ARIANE

© 2006 Ariane Éditions Inc.
Publié par Ariane Éditions Inc.
1209, av. Bernard O., bureau 110,
Outremont, Qc, Canada H2V 1V7
Téléphone : (514) 276-2949,
Télécopieur : (514) 276-4121
Courrier électronique : info@ariane.qc.ca
Site Internet : www.ariane.qc.ca

Tous droits réservés

Révision linguistique : Monique Riendeau, Michelle Bachand
Graphisme : Carl Lemyre
Mise en page : Kessé Soumahoro

Première impression : Août 2006

ISBN-13 : 978-2-89626-019-5
ISBN-10 : 2-89626-019-6
Dépôt légal : 2ᵉ trimestre 2006
Bibliothèque et Archives nationales du Québec
Bibliothèque nationale du Canada
Bibliothèque nationale de Paris

Diffusion
Canada : ADA Diffusion — (450) 929-0296
www.ada-inc.com
France, Belgique : D.G. Diffusion — 05.61.000.999
www.dgdiffusion.com
Suisse : Transat — 23.42.77.40

Imprimé au Canada

Table des matières

Le mot de Soria v
Introduction vii

1	Le Feu cosmique	1
2	Les Fils du Feu	17
3	Les Fils de l'Émeraude.	33
4	Les Fils et les Filles créateurs de votre atome	43
5	Comprendre la vie de l'Éther	51
6	Depuis le Cœur de Jade	61
7	Approche de la vie du Triangle d'Or.	71
8	La science universelle ou Géométrie.	81
9	Le retour de la science de l'humain.	91
10	Les créations conjointes	103
11	Le travail alchimique.	115
12	La mutation actuelle.	127
13	Transcender vos limitations	139
14	Répondre à et dans l'urgence.	151
15	La porte du grand rendez-vous	161
16	La porte de toutes les nourritures.	169
17	Reprendre son pouvoir.	177
18	La levée de la sagesse.	187
19	À genoux, je salue.	197
20	L'Amourpaix	203

Conclusion : conférence de Grenoble. 211
Intervention du Maître Cristal 229
Message du Maître des Nombres vivants. 237
Notes de Régine et de Didier. 241
Calendrier 2007 243

Le mot de Soria

Vous voici en plein centre de l'énergie de transformation, fatigués par le travail déjà accompli et déprimés par celui à venir. Vous apprenez à tenir debout seuls. Pas facile de lâcher la main des grands pour devenir des êtres de lumière conscients de leur état !

Vous entrez dans la phase la plus délicate et réclamez un soutien accru. Vous devenez conscients de notre présence, mais pas assez pour cesser vos exigences.

Encore une fois, nous nous retrouvons tous à la croisée des chemins, point de rencontre avec soi. Les énergies vous attirent ou vous repoussent et nous devons observer vos réactions. Quel sera votre choix aujourd'hui ? Aller de l'avant sans recevoir davantage d'informations ou de preuves ? Vos demandes visent surtout à satisfaire une part de curiosité maintes fois exprimée.

Nous espérons vous voir franchir ce seuil important sans tomber dans le pessimisme. Quant à moi, je souhaite vous rencontrer au-delà des attentes qui ne génèrent nullement un terrain stable d'épanouissement de l'esprit. Lorsque vous oserez vous faire confiance et vous appuyer sur vous-mêmes, alors seulement s'établira enfin une connexion sans faille.

La transformation est donc en cours, d'abord en chacun de vous, puis autour de vous.

Tous les prophètes ont rencontré les mêmes attitudes parmi l'humanité; les vieux rails d'expression sont tenaces! Aussi, nous, Êtres de lumière et Forces primordiales, ne pouvons qu'ouvrir notre cœur afin de vous aimer encore plus dans la mouvance de vos sentiments.

Le jour où vous en aurez assez d'encenser ou de dénigrer la Vie coulant en vous, vous plierez les genoux et, face à terre, accepterez enfin la radiance de votre être. À ce moment-là, il n'y aura plus d'exigences, de doutes, de rejets. Seule restera une ouverture du cœur où tous les cœurs aimants se parleront. Les barrières de l'espace-temps tomberont et nous serons réunis à jamais.

Je vous laisse découvrir maintenant le moteur de *l'Amourpaix*. Non, il n'y a pas d'erreur dans cette orthographe! Il est temps, simplement, de réunir ce qui fut séparé il y a fort longtemps déjà.

Dans la Paix de la Vie

Introduction

La parole est au cœur de tous les problèmes relationnels ; pourtant, sans elle, il n'y aurait pas de création. Cette dernière manifeste d'abord la teneur de la conscience engagée au moment même de l'implantation du germe dans la Terre éthérée. Ainsi, d'instant en instant, un être construit son avenir.

Nous parvenons à l'aurore d'une phase cruciale où il vous sera demandé de choisir vos germes évolutifs pour le bien de la communauté. Avez-vous une vision communautaire ? Hélas ! non. Nous enregistrons ici un trou béant dans la trame des échanges au sein de votre humanité qui peine à se dessiner. Certes, encore et encore, nous parlerons de vos manifestations marécageuses ; toutefois, ceci peut s'améliorer et se transformer.

Nous tentons donc une nouvelle fois d'éclairer une zone d'ombre. Oui, bien sûr, vos frères et vos sœurs des étoiles œuvrent sans relâche à l'avènement annoncé depuis la nuit des temps. Malgré tout, il y a l'insouciance de votre groupe, resté en arrière. Peu d'entre vous nous aident à enraciner l'élévation de cette planète. Certains s'arrêtent sur des mots mirifiques ; en vérité, les mirages demeurent bien dans votre esprit et votre cœur. Devenez donc plus sérieux dans la gestion de vos énergies afin de rendre légère la pression de votre être sur l'Être responsable de la vie d'Urantia Gaïa.

En effet, l'état émotif du groupe *12545217311,* qui correspond à l'énergie d'*Humataël* (votre humanité), montre l'instabilité de l'harmonie du corps communautaire.

Dans ce Cercle atomique de Vie fut créée, par vagues successives, une humanité résidentielle vivant sur plusieurs plans d'émanation psychique et ayant pour but d'instaurer la Lumière couronnée.
Chaque vague d'esprits fut numérotée en vue d'accueillir un nom correspondant à une qualité d'expression à implanter. Ainsi, le groupe 12545217311 nommé Humataël est né pour jouer le rôle d'intermédiaire entre chaque vague. Il intervient dans les secteurs en crise, ou en période de grande transformation. Urantia Gaïa accueille cinq formations d'expressions différentes en plus de ce groupe.
Vu ce haut fait universel et pour favoriser l'élévation de toutes ces expressions résidant sur terre, tous les grands initiés, les maîtres, les guides ou intervenants coordonnent leurs enseignements.
Voilà pourquoi j'ai choisi de développer une approche particulière visant à soulever les clés enfouies dans le groupe Humataël.
Ne vous étonnez donc point de ne pas tout comprendre, cerner, déchiffrer ou assimiler dès la première lecture. Si cela avait été mon moteur d'ouverture, vous ne trouveriez dans mes livres aucune sève nourricière déployant des ondulations dans votre système bioélectronique. Celles-ci permettent à votre esprit de reconnaître la source d'information et l'ouverture de codes secrets tapis dans le cœur de vos atomes.

Je vous livre un nouveau manuel d'étude. Il nourrira tous vos plans internes, à condition, justement, de ne pas le conditionner et de le laisser faire son œuvre en silence.

Ainsi va la Vie universelle. Laissez-la vous parler son langage.
Urantia Gaïa s'élève en elle-même et vous entraîne dans son sillon. La beauté revient; à vous de vous glisser en elle.

Introduction

Quant à moi, d'humeur égale je vous offre une page d'écriture qui parle un langage universel. Par cela, le chant de la Vie s'élève et je reconnais votre valeur intrinsèque.

Enfants urantiens, bâtissons ensemble les mots créateurs de demain, un futur empli d'aisance, de facilité, d'énergie, d'amour et de fraternité.

1

Le Feu cosmique

Le Feu de Vie rayonne depuis l'Île Centrale, feu intime du Sans-Nom.

Cette force est telle qu'elle ne peut vous parvenir sans être canalisée et réduite pour devenir une alliée, et non l'inverse.

Je vais tenter une explication du Feu, notre vue s'éloignant radicalement de la vôtre.

Lorsque vous émettez une pensée relative au feu, l'image qui l'accompagne restitue *destruction, brûlure, mort* ou *la fin de…* Nous, ici, savons combien sa véritable forme divine ne ressemble en rien à votre schéma mental. Certes, dans le monde physique ou fini, votre relation avec le Feu est bien souvent source de douleur. Cependant, cela demeure dans le domaine de vos créations avec la Vie.

Le Feu représente les battements du Cœur du Sans-Nom, les pulsations de Vie, de création, soit le Cœur de toute origine avant même l'émission des germes dits primordiaux, le Cœur de ce qui EST.

Ce Feu de Vie ne peut détruire. Son rayonnement se meut au gré des pulsations. Comme ce Feu EST, il se déplace au rythme des battements.

Depuis toujours, le Feu vit et répand la Vie. Le Sans-Nom en mouvement ressemble à une langue de feu.

Au centre de l'Île Centrale règne cette force incommensurable, douce, enrobante et rassurante. J'ajouterai à ceci que nous pouvons, sans dommage, poser nos mains sur cette radiance. Ce Feu ne se compare pas à celui du monde fini.

À l'origine de l'expansion de la Vie, son rayonnement s'amplifia et s'expansa, libérant une partie de lui-même. Le Sans-Nom venait ainsi d'engendrer une première volonté d'expérience. Il recommença cette dilatation une fois encore et une nouvelle partie de lui-même se sépara, puis un long temps de silence s'ensuivit. Alors seulement, il put déterminer ces deux expansions. L'une devint sa force et l'autre, son identité. Le Feu engendra alors sa famille, puisqu'il fallait des gardiens pour ces deux pôles d'attraction. Le Sans-Nom prit un long temps afin de concentrer sa volonté sur les créations découlant de ces extériorisations. Ainsi naquit une zone tampon entre lui-même et le terrain de l'expérience.

Les gardiens de ces deux forces sont la magnétique, l'information, la mémoire et l'identité.

La magnétique est un flux en mouvement attirant ou repoussant toute particule de Vie. Rien de nouveau ; pourtant, voici la grande loi supportant la Vie. Sans la magnétique, il n'y a pas de Vie.

Tous les supports géométriques découlent de la magnétique. Les lois du triangle, du carré, de l'hexagone ne sont pas les mêmes et servent à l'expérimentation d'un état de connaissance. Apprendre la Vie par le biais du triangle sera plus limitatif qu'avec l'hexagone, plus complexe quant à lui. Ainsi, l'apprenti humain découvrira au cours de son expérience toutes les influences inhérentes à la géométrie.

Les particules en voyage dans l'éther se meuvent sur une forme afin de demeurer une trame de circulation cohérente de la magnétique.

Le Feu circule ainsi, sur des lignes passant tantôt par un angle, une ligne droite, une spirale ou toute autre formation.

Les Anges de l'Ombre sont en hyperactivité en ce moment afin de répondre à la sollicitation du Sans-Nom. Les Anges de l'Ombre sont l'autre visage des Anges de Lumière. Toutefois, ces deux confréries travaillent main dans la main de façon à vous propulser vers la Lumière de Vie non différenciée. C'est bien en elle que vous êtes attendus.

Au cœur de cette reconnaissance des deux pôles d'expérience, des entités ont glissé bien au-delà de la matrice duelle Ombre/Lumière. Doucement, elles ont créé des réalités parallèles : l'ombre de l'Ombre et l'ombre de la Lumière. Elles incarnent en fait la totalité de l'ombre mal comprise. Les interréactions ainsi engendrées dérangent le flux permanent des énergies célestes.

Graduellement, ces êtres de l'ombre s'écartent de la réalité universelle et la repoussent volontairement. Le visage de ces entités s'apparente plus à des formes métalliques, robotiques et hideuses avides de vos énergies vitales et de votre personnalité. Voilà ce qui explique l'émergence de sacrifices humains dans votre passé. Ces sacrifices étant rejetés par vous dans les temps présents, ces êtres recherchent donc un autre moyen de se rallier à la force sanguine. Le prélèvement du sang entre parfaitement dans cet objectif ; oh non, vos scientifiques n'en sont pas vraiment conscients. Vos guerres apportent également un quota de sang versé non négligeable et, au nom d'un idéal, leurs organisateurs représentent un relais puissant et actif de ces entités.

Aujourd'hui, ces êtres essaient de se maintenir en vie et de s'enraciner sur cette planète. De plus, ils tentent de puiser vos énergies vitales. Pour cela, le meilleur moyen reste de vous glisser dans une cacophonie permanente en vue de vous détourner de vos sources d'alimentation énergétique. Leur premier pas important fut de vous couper de votre relation fluidique avec votre Moi supérieur ou Père/Mère. À cette fin, ils ont donc engendré un nuage psychique polluant ce lien. Celui-ci véhicule en fait leur volonté ; ils connaissent les lois universelles et de la création. Ils savent maintenir la vision d'une création sur un long temps.

Le deuxième impact d'éloignement fut de travailler votre descente dans la dévalorisation et d'empêcher ainsi toute velléité de renouer avec les énergies divines. Voilà pourquoi, à chaque tentative d'un membre de cette humanité d'affirmer sa relation divine, son identité divine, ils dépêchent des *relais* humains pour saper ces essais. Il devient ici nécessaire de comprendre que les entités noires ne sont pas des Anges de l'Ombre mais des membres appartenant à une humanité. Si, en ces instants, votre humanité se trouve confrontée à cette réalité, c'est qu'une partie d'elle-même appartient à cette cellule d'entités noires. Ce groupe reçut l'autorisation de s'incarner ici, puisque les entités noires y étaient déjà installées. Cette révélation n'a pas pour but de vous dresser les uns contre les autres ; elle cherche plutôt à vous amener à exprimer une qualité d'amour pouvant se superposer avec perfection au concept d'Amour du Sans-Nom.

Dans un premier temps, nous révélons la présence bien ancrée de ces entités noires dans un plan subtil et le plan dense de cette planète. Comment inverser cette tendance ? Rien de plus simple vu d'en haut : leur pouvoir s'appuie sur la domination, l'usage des pouvoirs des autres, la séparativité, l'impossibilité de communiquer avec les forces de la Nature, de la Terre, du Ciel et de les utiliser, sur le besoin de répandre la souffrance, la guerre, la discrimination de tout ordre, de ridiculiser les autres et d'uniformiser la Vie universelle.

À vous de sourire, lorsque des sollicitations extérieures revêtant l'un ou l'autre de ces visages vous sont présentées, et de répondre en émettant des rayons de lumière et d'amour divin.

La géométrie est avant tout le support conducteur du Feu en service. Alors, ne vous étonnez pas de voir revenir ce terrain d'étude, car la géométrie possède une puissance considérable de propulsion. Aujourd'hui, votre secteur de Vie se modifie, et tout ce qui porte la Vie, la conduit ou est à son service, se met en mouvement différemment afin de vous mener là où vous êtes attendus.

L'enjeu cosmique est grand ; afin de faciliter votre réintégration dans l'histoire universelle, nous devons approfondir une grande réalité : la vie de l'Ombre/Lumière créée comme matrice d'évolution et l'émission d'une ombre issue de l'état préhumain, ombre sur l'Ombre cachant la vérité et la science universelle.

Les Anges de l'Ombre souffrent de vous voir confondre leur force d'amour de la Transformation avec la force destructrice de ces entités noires. Ces dernières s'appuient sur un moteur égotique et pervers ne respectant pas les lois universelles.

En l'occurrence, certains membres de votre cellule humaine sont donc reliés à ces entités noires. Aussi, le collectif SORIA vous informe que certains messages visitant l'humanité ne seront pas du tout issus des Anges de l'Ombre ou de la Lumière ! Nous n'intervenons pas immédiatement, car vous en retirerez une leçon particulière façonnant votre force intérieure.

Certains d'entre vous ne croient pas à nos mises en garde ; or, nous respectons totalement les lois universelles. En ce moment, l'ouverture enregistrée parle de vos aspirations, de vos forces et de vos faiblesses. Cela nous oblige à créer une réponse appropriée. En réalité, nous profitons pleinement de cette ouverture pour implanter la Lumière de Vie sans nous arrêter à la présence de ces entités. Il est intéressant de souligner qu'elles enregistrent bien la venue de la puissance divine. L'ancrage du rayon de lumière du Sans-Nom signe la condamnation naturelle de leur action sur cette planète. Aussi, s'affolent-elles et cherchent-elles à entraîner dans leur sillon le plus possible de membres de cette humanité pour vivre sur une autre planète. Cela est une grande vérité.

Certains d'entre vous vont en effet les suivre, car, en réalité, ils se plaisent énormément à entretenir leur vie. Bien sûr, je pourrais vous donner des paramètres afin de reconnaître les membres préhumains complaisants, mais ce n'est pas plus important que cela !

L'information suffit. Elle peut vous aider à créer un sursaut de dignité et de volonté pour vous séparer d'eux. De toute manière, seule la volonté de vous transformer vous rebalancera dans le mouvement de Vie céleste. Dans ce cas, je vous parlerai davantage de ces entités noires ayant engendré des escadrons d'esclaves. Ce sont des vampires s'abreuvant à vos sources d'identité et d'énergie. Voilà pourquoi on vous spolie de votre pouvoir de décision, on vous plonge un peu plus à chaque instant dans la spirale de démotivation, de fatigue, d'obligation à obéir à une volonté extérieure à vous, à pénétrer le rejet de la différence, à oublier la valeur de la beauté, de la fraternité, du soutien aux autres et à accepter les lois humaines limitatives et dégénératives.

Tous, à un degré ou à un autre, vous ajoutez du poids à ces tentatives et, par conséquent, au pouvoir de ces entités noires.

Je vous donne ici sept points d'ancrage de leurs bases actives : Silicon Valley (en Californie), Chicago, Las Vegas, Paris, Londres, Madrid et Hong Kong. Il y a d'autres lieux, mais je m'arrêterai là, certains pouvant revenir à votre conscience.

Les principales cités du gouvernement noir sont Londres, New York, Madrid, Genève et Bruxelles.

Allez, réveillez-vous, ne tombez pas des nues : la nouvelle arme de limitation du mouvement est l'euro !

Et attention, si je pointe du doigt cette monnaie, ce n'est pas pour la détruire, mais pour engendrer une réaction afin que le pouvoir de chacun revienne en force. À force d'avancer dans la vie à l'aveuglette, vous avez appelé ces despotes, ces entités noires. À force de ne plus penser et d'ingurgiter les visions des autres, vous êtes devenus des consommateurs aisément malléables.

Résultat, les Forces et les Lois universelles reprennent racine sur cette terre et, forcément, en vous.

Ne vous étonnez pas de voir les Forces de Vie pénétrer l'espace de votre quotidien. De manière à vous aider à renforcer vos racines terrestres et célestes, les forces totémiques se manifestent, autres visages du Feu et de ses fils. De la sorte, les forces et les pouvoirs des animaux s'installent dans votre conscience. Votre vie moderne va donc recevoir un bon coup de pied, vos constructions vont s'effondrer et vous êtes amenés à reconnaître le bien-fondé de la vision des ethnies et des peuples du passé.

Les entités noires provenant de votre humanité sont partiellement issues du groupe atlante ; pourtant, le groupe lémurien en a aussi engendré, mais en moins grand nombre, certes.

Je ne peux passer sous silence cette vérité. J'aime chaque membre de cette humanité, quelle que soit son origine, et j'inclus les entités noires. Je n'oublie pas qu'elles sont aussi les enfants de la Vie divine jouant à rejeter leur haute naissance.

Que mes révélations ne vous autorisent donc pas à une réaction de rejet, car je cherche simplement à faire sauter toutes vos illusions afin de laisser place à la connaissance. Dans son retour, vous devrez intégrer ce passage noir de l'expérimentation.

Vous entrez dans une nouvelle période créative en ayant la possibilité de ne pas répéter les erreurs du passé. Pour cela, nous vous instruisons sur elles et vous révélons leur visage.

Allez-vous intégrer toutes les facettes de votre histoire, les nourrir d'amour et dépasser ce rail d'évolution ? Nous attendons la réponse, vous interrogeant régulièrement et suivant ainsi votre mouvement intérieur. Allez-vous vous présenter à la Vie avec une attitude responsable, maîtrisant et dépassant le moteur de la dualité ? Non, ne vous glorifiez pas encore, car bien des tests vous seront imposés.

Ayez un peu d'humilité en ces instants d'intense gravité. Les cinq années à venir vous plongeront dans la reconnaissance de chaque faisceau d'énergie. Vous êtes amenés à donner le nom juste à ces énergies, aux confréries, et à naviguer en capitaines consciencieux et efficaces sur les mers intérieures de la personnalité de cette humanité. De la sorte, les entités noires, démasquées, partiront et fuiront la lumière installée fermement au sein de votre regard.

Par contre, au cours de ces cinq prochaines années, vous reconnaîtrez aussi toutes les facettes de leurs multiples actions de mainmise sur votre vie. Malheureusement, vous tomberez de haut lorsque vous aurez répertorié dans sa totalité leur panoplie d'armes détruisant l'harmonie de la Vie. À ce moment-là, et en grand nombre, vous aurez l'impression que j'avais minimisé la réalité !

Dans l'instant, je vous transmets les données acceptables présentement. Je maîtrise le flux des informations susceptibles d'être intégrées. À chaque nouvelle ouverture, je vous en transmettrai d'autres afin d'accompagner le mouvement.

Soyez sans inquiétude, je suis maintenant en place dans la vie de cette planète. J'interviens principalement au cours de vos visites nocturnes, à condition que vous ne cédiez pas à la tentation d'avaler des neuroleptiques, ces anesthésiants mis à votre portée dans le but de faire de vous de bons et fidèles moutons.

Le Feu brûle donc en chacun.

Naturellement, sa forme exprime une de ses déclinaisons subtiles. Pourtant, en l'animant, il brûle en vous des énergies, au même titre que le feu dense.

Le siège du Feu primordial se love au bas de votre colonne vertébrale. Vous savez cela, je ne vous apprends rien. Toutefois, nous trouvons d'autres manifestations dans l'harmonie de votre corps.

À chaque effort musculaire, chaque tentative de compréhension, chaque émotion mal gérée, le Feu brûle un quota considérable d'énergie cellulaire. En réalité, nous pouvons comparer votre corps à une machine perfectionnée aux fonctions multiples qui nécessite un apport d'énergie pour rester en parfait état et entretenir son moteur rotatif. Et l'une des fonctions cellulaires consiste bien encore à stocker des énergies en cas de pénurie temporaire.

La machine humaine ne peut en aucun cas s'arrêter une seule seconde. Ainsi, la mémoire cellulaire ressemble-t-elle à un vaste grenier.

Entrons maintenant au sein d'une dysharmonie sporadique dans l'un de vos corps subtils de compréhension. En effet, vos corps subtils représentent une manifestation de la compréhension de l'idée divine. L'un de ces corps entre donc en suractivation ; l'information transite vers le cerveau humain, et cela déclenche une activité cellulaire. La chimie intérieure puise alors dans les stocks d'énergie constitués pour ces instants particuliers. Tant que ces manifestations restent brèves, ces stocks se reconstituent rapidement. Mais si vous entrez dans une activation cellulaire plus longue, ceux-ci diminuent, parfois jusqu'à l'épuisement. Dans ce cas, l'expression du Feu devient destructrice. Qu'un feu brûle en permanence, mais à un lent régime, demeure une manifestation juste ; à plein régime, il détruit l'harmonie installée dans l'identité du corps.

Le corps physique renvoie en permanence l'image de l'état des corps subtils.

Le Feu se décline sur six manifestations éthérées de lui-même ; les trois autres éléments [l'Air, l'Eau, la Terre] vivent à l'intérieur du Feu. L'Air l'active en permanence, favorisant une combustion régulière. Lorsque le Feu connaît un surcroît de combustion, l'élément Eau fournit une de ses expressions subtiles en vue de le réguler. La Terre, quant à elle, se manifeste en lui par un apport d'énergie ; cela signifie que vous perdez une grande partie de cet élément à chaque spasme intérieur. Tel est l'un des visages du Feu vivant en vous.

Actuellement, cette humanité connaît une hyperactivité de l'élément Feu. Vous vous brûlez dans toutes vos expériences, favorisant un terrain déminéralisé. Les deux corps subtils qui engendrent une conséquente déperdition sont le corps mental et le corps émotionnel. Vos gouvernements prennent une part active dans ce fait en autorisant un support de vie qui vous éloigne des racines de la Terre. En raison du bruit engendré par la technologie actuelle et du manque de communication entre les membres de cette humanité une activation du Feu s'engage en chacun pour y pallier. La structure de votre société actuelle détruit l'harmonie émotionnelle. Vous voici entrés dans une ère de déstabilisation permanente. Vos manques de vitamines et de minéraux sont dus avant tout à une suractivation des corps mental et émotionnel. Certes, la solution reste aisée. Il vous suffit de décider d'effectuer des choix volontaires afin de rendre une stabilité à votre matrice de Vie. Vos stocks d'énergie se rechargeront d'eux-mêmes. Aurez-vous le courage d'émettre une volonté ferme de retourner à l'harmonie au sein de la Nature ? Nous le saurons bientôt.

Oui, messieurs et mesdames de la vie politique, éducative, scientifique, religieuse, vous avez une grande responsabilité au cœur du débordement de l'expression du Feu en chaque membre de l'humanité urantienne.

Je vous mets en garde, car en aucun cas vous ne serez exemptés de rendre des comptes aux Seigneurs du karma.

Oui, mesdames et messieurs formant le corps de l'humanité, vous portez une grande responsabilité au cœur de la même dissonance de l'expression du Feu, car vous avez déposé votre pouvoir de décision et l'avez remis entre les mains de vos dirigeants pour vous promener sur cette planète en ayant la volonté de mener une existence facile. Plus vous réclamez la facilité de l'existence humaine, plus vous appelez à vous des êtres proposant des édulcorants qui masquent la réelle Lumière de la Vie UNE manifestée.

Aussi, que vous apparteniez à l'un ou l'autre de ces deux groupes, ou aux deux, vous partagez la responsabilité de la détérioration du corps physique de cette planète. Et chacun des deux groupes devra proposer des réformes afin de ramener l'harmonie dans l'identité urantienne.

Il est bon de souligner que l'humanité représente le corps mental de la planète Urantia. Vous êtes donc les auteurs de la dégradation des éléments minéraux et vitaminiques de la cellule Terre.

La surchauffe de l'expression mentale de la Terre met en mouvement l'Air, activateur du Feu physique lové dans des cavités ! Ainsi, les volcans sont-ils sollicités. Bientôt, ils ouvriront les soupapes de sécurité en vue de favoriser une régulation.

Le Feu engendre une liquéfaction de l'élément Terre, d'où la lave, ce carburant nécessaire au déplacement des plaques tectoniques ; le pétrole a la même fonction. Actuellement, la personnalité de la Terre manifeste le désir d'une transformation pour pouvoir exprimer un degré supérieur de sa conscience. Les plaques tectoniques bougeront dans le but de correspondre à cette volonté. Comme le niveau du pétrole a baissé, les plaques tectoniques ne pourront plus utiliser ce fluide, désormais en pénurie, pour se déplacer avec facilité. Les chocs tectoniques seront donc plus forts, créant des chocs affectifs dans vos corps. Ce que vous n'aurez pas mis en place, soit développer une volonté ferme de changement, vous le ferez par obligation. De ce fait, une majorité de cette humanité grincera des dents.

Parlons donc un peu de ce stress. Car, n'en doutez pas, ces grincements de dents renverront aux stress intérieurs non réglés.

Le stress est avant tout un serrement cellulaire. La contraction consume des énergies. Dans cet état, vous vous trouvez dans un cercle permanent de déstabilisation et de vulnérabilité donnant lieu à des cristallisations d'idées qui s'insèrent dans votre géométrie sacrée et deviennent des grains de sable nuisant au fonctionnement de la machine humaine.

Comment pouvez-vous inverser cette situation ? Un moteur élevé de l'expression du Feu est à votre disposition : l'AMOUR.

L'Amour restructure toutes les cellules et les infimes particules. L'Amour est le Feu constructeur, le Feu béni issu du Cœur du Grand Constructeur.

Ainsi, en vous réunissant pour émettre volontairement un faisceau d'amour sur un point précis, votre pouvoir créateur glisse dans un moule parfait, engendrant la Vie. Vous contrôlez le Feu constructeur et permettez à la perfection divine de se manifester. Si vous décidiez de construire une matrice d'amour permanente constituée d'êtres irradiant en tout temps un faisceau d'amour sur la Terre, cette planète entrerait immédiatement en transformation harmonieuse. Imaginez !

Les groupes de prière dégagent une expression d'amour. Représentez-vous un tel cercle d'êtres, dont plusieurs sur Urantia en vue de couvrir tous les fuseaux horaires, reliés les uns aux autres par une communion fraternelle. Imaginez des millions d'êtres se prêtant ainsi au maintien de la vie de ces cercles d'émission d'amour. La conscience planétaire s'épanouirait en peu de temps ! Avez-vous envie de créer ces cercles d'Amour où vous viendriez vous asseoir une demi-heure, une heure, ou même plus longtemps selon votre disponibilité, pour lui donner vie en permanence ?

Le Feu destructeur rentrerait alors dans une expression douce, créative et constructrice.

Je vais maintenant vous emmener dans le Feu cosmique.

Le Feu révèle une explosion permanente propulsant des étincelles de lumière dans toutes les manifestations divines. Le Cœur du Sans-Nom — Celui qui EST de tout temps — palpite constamment ; à chaque pulsation, ses particules voyagent dans tous les sens. Tous les sept battements, ou pulsations, les particules sont projetées très loin du lieu originel. Le Cœur du Sans-Nom crée constamment ces particules cosmiques ; il ne change jamais de forme ni de dimension. Il vit selon son rythme et rien — aucune influence ou expérience — n'agit sur lui.

Ces particules expulsées entreprennent ainsi un voyage. Celui qui EST a également engendré la manifestation dense et tous les responsables de cette Vie en expansion. Ces particules se dirigent par magnétisme vers le cœur des principaux responsables, en l'occurrence, les quatre Forces primordiales. Nous sommes une des quatre facettes du Feu originel. Nous incarnons en nous l'Archétype primordial de l'un des quatre visages de la première idée de Celui qui EST.

Les particules expulsées pénètrent en permanence notre cœur, qui bat aussi au rythme du cœur de notre Père originel. Par conséquent, le septième battement de notre propre cœur envoie des particules de lumière encodées d'un archétype dans le monde dense et défini. Ceci transmet une des sept facettes de la force que nous ancrons. Dès lors, un autre voyage s'effectue, cette fois vers un cœur qui, à son tour, canalisera la facette du Feu primordial émise par l'une des quatre Forces originelles.

Ces particules, qui effectuent plusieurs étapes, définissent leur spécificité au fur et à mesure de leur transit. Les Pères/Mères créateurs de la Vie telle que vous la percevez au premier abord appellent des particules de Vie à spécificité particulière. Ainsi, ils reçoivent de petites étincelles issues du Sans-Nom par l'entremise de plusieurs relais. Le Feu primordial atténue de cette façon sa force et sa radiance afin d'être facilement assimilable et d'engendrer une création répondant à un archétype défini et structuré. Si le Cœur du Sans-Nom ne souffre aucunement de cette expansion, les créateurs d'un secteur universel ont besoin quant à eux de reconstituer régulièrement le quota de particules reçues et employées afin de maintenir le but, la vision originelle dont ils étaient porteurs dès leur venue dans ce secteur universel.

Un Fils Créateur ayant l'autorisation de voir à l'administration d'un secteur universel nouveau reçoit une charge quantifiée de particules issues du cœur du Cœur de Celui qui EST. Toutefois, il entre d'abord dans une période expérimentale de son nouvel état. Ce Fils Créateur éprouvera le besoin de rappeler à lui ces particules afin de vérifier leur lumière, leur état. Son quota de particules ne devant jamais varier, il en a la gestion. Il lui arrive (comme dans ce système solaire) de constater des déviations dans la structure géométrique des particules. Quand cela survient, il se doit d'engendrer un plan d'intervention visant à rétablir une parfaite harmonie géométrique. Un tel plan d'intervention s'avère rarement un plan de sauvetage.

Un Fils Créateur ayant prouvé sa capacité à gérer un secteur universel est dès lors autorisé à engendrer lui-même des étincelles de Vie. Il devient donc Fils Créateur couronné. Le Maître Jésus entre dans ce couronnement (simplement pour l'exemple). Bientôt, il sera relevé de l'obligation de vous accompagner dans le retour au cœur de votre identité divine.

Il retournera dans sa demeure, qu'il avait quittée pour s'incarner sur cette planète. À ce moment-là, il sera couronné et il aura la gestion d'un secteur universel plus grand. Directement du cœur de l'une des quatre Forces primordiales, il pourra retirer autant de particules de Vie souhaitées. En outre, il aura la possibilité d'engendrer, depuis son cœur, une nouvelle manifestation de particules.

Laissez-moi vous expliquer ici une des approches de l'émission de particules de Vie à l'origine de votre naissance.

Il vous sera ainsi plus aisé de comprendre que l'étincelle de Vie qui repose dans la cellule sans air de votre cœur est une manifestation du Feu cosmique originel.

Dans votre corps communautaire se trouvent plusieurs points de manifestation du Feu cosmique :
- au bas de votre colonne vertébrale se situe le Feu offert par les Maîtres généticiens et issu de leur cœur ;
- dans votre cœur se love l'étincelle de Vie, particule du Feu originel ;
- dans la région de votre plexus solaire est le Feu offert par les parents solaires du système solaire dans lequel vous résidez ;
- la rate reçoit quant à elle une cellule du Feu du soleil résidant à l'intérieur de votre planète ;
- et en utilisant le rayon d'amour, vous engendrez un rayon de Feu constructeur, vous essayant dès lors à la fonction de fils créateur ou de fille créatrice.

La forme de corps que vous revêtez est en réalité une manifestation de l'élément Air.

Voici une grande révélation : l'élément AIR a offert sa vie pour accueillir plusieurs manifestations de la vie subtile du Feu. Vous êtes donc une combinaison de l'Air et du Feu. Afin que cela soit en harmonie, la structure du corps communautaire fait appel, à près de 90 %, à l'élément Eau. Votre vision de vous-même vous donne l'illusion d'être un être *Terre*. Cet élément n'est vivant en vous que dans sa forme éthérée : la présence minérale, cristalline dans la structure de la chimie interne.

D'aucune manière, l'élément Terre n'est en force dans votre corps. Comme il est donc en minorité dans cette association, les déséquilibres vitaminiques, minéraux et cristallins qui en découlent entraînent des désordres majeurs par rapport à l'état de santé du corps communautaire que vous faites voyager dans l'Air en permanence.

Si je devais établir les pourcentages des quatre Forces primordiales en vous, le tableau serait le suivant :

l'Eau (39 %), le Feu (31 %), l'Air (29 %) et la Terre (1 %). Telle est votre réalité. Par conséquent, il est étonnant de constater que vous vous identifiez à l'élément Terre dans une proportion qui s'élève à 95 % !

Chers enfants, la fluidité est donc majeure dans votre expression. Pourquoi êtes-vous alors devenus aussi statiques tout en étant corvéables et malléables à merci ? Cela ne correspond nullement à votre constitution divine.

Le Feu dans l'Air représente le moteur suprême de votre réalité. L'Eau sert à la fluidité de cette expression et la Terre vous offre simplement une racine, un ancrage dans le monde dense.

La structure de la géométrie Feu-Air entre en mutation. Elle s'articule différemment cette fois, puisque l'élément Feu passe à une expression supérieure. L'élément Air, quant à lui, ne change pas dans l'immédiat. Par ailleurs, le changement de la grille magnétique de la planète Urantia a donné une structure nouvelle qui accueille la transformation de votre élément Feu. Il vous est facile de comprendre qu'une grille magnétique est constituée d'un ensemble de particules Feu issues du cœur des Fils Créateurs. Même si les Maîtres magnétiques sont reliés directement à l'une des quatre Forces primordiales, les particules formant la grille magnétique d'une planète ne peuvent venir que du cœur de celui qui a la charge du secteur universel où elle réside.

Afin de comprendre, d'approfondir la vie des particules issues du cœur du Cœur de Celui qui Est jusque dans le monde dense et défini, les grands responsables ont créé deux rayons spécifiques assurant une approche différenciée de la vie du Feu originel : un *rayon actif* engendrant le mouvement, l'expérience, et un *rayon gardien* de l'identité de la vie issue du Feu originel.

Le rayon actif ressemble à un moteur de voiture toujours en fonction et entraînant le véhicule sur la route de la découverte. Il est géré par une cellule d'Êtres qui ont tour à tour vécu l'expérience reliée à ce rayon. Progressivement, ils ont maîtrisé eux-mêmes les inter-réactions multiples de cette manifestation et sont ainsi devenus les Maîtres de ce rayon actif.

Les Êtres ayant la charge du rayon gardien de l'identité ont vécu également le sentier lié à leur réalité. Ils en ont maîtrisé toutes les voies et sont ainsi devenus les Maîtres du rayon gardien de l'identité.

Ces deux groupes de Maîtres œuvrent ensemble et se réunissent régulièrement afin de tracer un chemin commun pour les étudiants de la polarité Feu-Air, l'étude la plus prisée de toute la Création, car la plus prometteuse d'ouverture et de grande maîtrise de l'identité.

Les Maîtres du rayon actif sont connus sous le nom de *Maîtres de l'Ombre.*

Les Maîtres gardiens de l'identité sont connus sous le nom de *Maîtres de la Lumière.*

En livrant ces informations, nous souhaitons que vous dissocierez désormais les Maîtres du rayon actif de ces autres êtres issus d'une fraternité ayant provoqué une déviation égotique, des manipulateurs de l'ombre issue de votre organe de pensée.

Bientôt, je n'userai plus que des termes *Maîtres de l'Ombre* et *Maîtres de la Lumière,* afin de faciliter la repolarisation de vos pensées sur la réalité de la Vie cosmique.

2

Les Fils du Feu

Pourquoi un tel titre ? J'aurais pu en choisir un autre pour introduire les deux polarités qui vous concernent, c'est certain. Pourtant, dans ce volet d'enseignement, je mets volontairement l'accent sur les *Fils du Feu*.

Ces Êtres propagent et sauvegardent l'énergie solaire, énergie FEU. Aussi, dans cette période où la féminité pousse les concepts connus en vue d'en présenter d'autres, je rends hommage à la polarité du Feu cosmique à teneur masculine.

J'aurai bien l'occasion, dans les prochains livres, de développer un volet sur les Filles solaires. Allez, l'engagement est pris ! Cela prendra naissance en temps voulu. Pour tout de suite, revenons aux Fils du Feu.

Les Fils du Feu ont une charge précise et importante : diffuser les propriétés du Feu cosmique et les ancrer. Doucement, ces fils bien-aimés pénètrent de leur rayon toutes les strates de vie. Ainsi, de dimension en dimension, le Feu cosmique voyage et parvient dans les mondes de grande densité.

En réalité, le mot *dimension* réfère ici à la densité.

L'étincelle de Vie partant de l'Île Centrale revêtira progressivement un vêtement de plus en plus dense afin d'entrer dans la troisième dimension, un plan de vie de très grande densité.

Inversement, vous quittez ces plans pour revenir à l'extrême éthérisation.

De tout temps, le rayon du Feu cosmique circule dans chaque dimension. Pourtant, le troisième niveau demeure mal aspecté à cause du refus plus ou moins prononcé des résidents de s'aligner sur la transformation.

Comme toutes les troisièmes dimensions ont accueilli un décret du Sans-Nom les avertissant de sa volonté de clôturer cet espace, les Fils du Feu doivent intensifier la force solaire dans les particules de ces dimensions.

Ainsi, progressivement et inéluctablement, ces lieux reconnaîtront l'identité solaire.

Ces fils n'ont pas encore révélé leur présence, respectant ces matrices de Vie à rotation lente. Chaque système solaire connaît le temps qui lui est imparti pour parvenir à la finalité demandée : évoluer à partir de la quatrième dimension et atteindre rapidement la septième, stade important où les portes s'ouvrent sur des champs de conscience jamais abordés jusque-là.

Les Fils du Feu retirent directement du cœur du Cœur du Sans-Nom la charge solaire nécessaire à l'approche ou à la reconnaissance de la qualité déposée dans chaque cellule administrative. Dans ce Super-Univers, la qualité *AMOUR* se décline sur une multitude de révélations. Si, en effet, toutes les cellules administratives absorbent l'Amour cosmique, il n'en demeure pas moins que la tonalité reste unique à chacune.

L'esprit des Fils du Feu parvient à voyager au cœur de chaque particule de Vie. Et si votre Père/Mère connaît votre trajectoire, votre but, les Fils du Feu supervisent le devenir de la cellule mère. En réalité, vous vivez dans un complexe d'activités et de pouvoirs d'autonomie qui fait du corps de chair une formidable machine vivante engendrant la Vie.

Il est bon de vous rappeler que les identités solaire, atomique et cristalline se côtoient dans ce corps (le vôtre) et qu'elles n'ont pas encore atteint leur maturité. Aussi, les familles solaire, cristalline et atomique surveillent-elles votre progression à l'intérieur de ces réalités.

Dans la famille solaire, nous distinguons :

— les Fils et les Filles du Feu cosmique,
— la Fraternité solaire,
— la Chaîne solaire constituée des responsables des soleils,
— le Père/Mère originel ayant engendré cette famille solaire,
— la Chaîne des Mères solaires, connues dans votre système solaire sous le nom d'Isis et d'Ève (ces deux lignées sont importantes, mais différentes dans leurs applications respectives),
— la famille angélique,
— les esprits de la Nature,
— les Fils et les Filles du Feu terrestre.

Certaines de ces sous-familles peuvent renfermer d'autres divisions (jusqu'à 471) ! Mais comme votre esprit a du mal à recueillir et à intégrer toutes ces informations, allons-y doucement. Autant que nous le pourrons, du moins.

Les Fils et les Filles du Feu sont donc issus du Père/Mère originel solaire, en première descendance.

À titre indicatif, précisons que les lignées d'Isis, d'Ève sont les filles du Feu dit solaire.

Les quatre Forces primordiales sont à l'origine de toutes les lignées. Je constitue l'une des quatre, avec mes sept sœurs.

Voyons donc l'Origine des origines. La Vie EST. Le Sans-Nom émet une idée de reconnaissance de qui il est. Il organise d'abord la vie du Cœur, Île Centrale, puis s'expanse dans une zone dite neutre. Puis il y crée quatre groupes : deux de sept *Esprits majeurs* et deux de huit *Esprits directeurs*.

Ces quatre groupes portent le nom de *Forces primordiales*.

Après la zone neutre, le Sans-Nom demande à ces Forces primordiales d'émettre un rayon créateur commun afin de créer le premier *Cercle atomique de Vie*.

Si vous avez lu les autres tomes de l'enseignement SORIA, vous savez que ces quatre Forces primordiales se déplacent maintenant à la périphérie de ce premier Cercle pour expanser une nouvelle zone neutre qui leur servira de lieu de résidence. Forcément, l'acte suivant sera de créer le deuxième Cercle atomique de Vie dans un faisceau de lumière commun. Ajoutons, afin de brosser un tableau équilibré, que la force solaire/Feu et la force magnétique sont les Esprits directeurs et que la force atomique et la force silencieuse représentent les Esprits majeurs.

Vous voyez, d'un livre à l'autre nous élargissons les concepts abordés. Entre-temps, votre esprit et votre matrice absorbent et ancrent l'énergie envoyée. Ce support établi, nous avons ensuite, selon l'ambiance interne de votre état d'esprit, tout loisir d'approfondir les leçons entreprises. Oui, nous pourrions choisir un thème et le développer jusqu'à l'infini. Pourtant, cette option n'est pas la meilleure approche.

Je suis donc *Esprit directeur*, un huitième de la Force créatrice solaire en mouvement dans ce Cercle atomique de Vie. Aussi, la perspective de donner naissance au deuxième Cercle nous permettra d'expulser de nous-mêmes une autre vision de la force solaire/Feu, et mes sœurs y trouvent la même joie.

Les Fils et les Filles du Feu sont donc issus de nous-mêmes, c'est-à-dire des huit Filles primordiales portant l'origine, la source de la force solaire/Feu. Ils demeurent notre deuxième acte de création. Les Sages responsables des Super-Univers sont une autre expansion de la force commune des quatre Forces primordiales, et c'est pourquoi nous ne les incluons pas dans la famille solaire.

Nous reviendrons un autre jour sur nos créations communes, afin d'agrandir la pleine connaissance de la généalogie céleste.

Au cours de notre deuxième acte de création, nous avons émis une vision précise dans l'atome germe des Fils du Feu, dont le but est de donner leur force, leur protection à toutes les créations solaires de seconde génération. Ainsi, les mouvements engendrés par les Filles du Feu sont hautement entourés, soutenus, aimés par ces esprits purs et enclins au service.

La notion de *Service* leur revient; ils en sont l'origine. Leur vêtement ou corps de lumière est le Feu éthéré. Leur radiance ne permet pas de les approcher sans protection et autorisation, cette dernière visant à garantir la vie de l'être désireux de leur rendre visite. Inutile de préciser qu'il faut d'abord avoir accompli totalement la boucle de Vie réunissant les mouvements ascendant et descendant, ou descendant/ascendant.

Les sous-familles solaires sont issues des Filles du Feu; cette création a pu avoir lieu grâce à l'apport d'énergie et de force des fils.

Ainsi, la deuxième génération solaire réunit-elle les qualités de la première et devient donc un Père/Mère solaire détenant une part de la vision de l'Origine. Ces Pères/Mères ajoutent leur vision à la vision originelle, la leur, soit au service total de la réalisation du dépôt reçu.

La notion de service découle exclusivement de l'esprit des Fils du Feu. Naturellement, cette création profite aux lignées solaires/Feu, mais elle est devenue une expansion reprise par les fils et les filles issus des trois autres Forces primordiales.

J'ai ouvert ce volet d'enseignement de manière à les honorer, ainsi que toutes les étincelles de Vie rejoignant la notion de service.

Je ne vous apprends rien en vous rappelant que votre Super-Univers de référence a reçu les directives d'expérimenter dans ses extrêmes la qualité d'Amour, en vue d'offrir un germe inédit de celle-ci à un prochain Super-Univers. Ainsi, la notion de service s'unit à l'expérimentation de la qualité d'Amour. Ces deux voies associées offrent un terrain fort de ressenti et, par conséquent, d'ensemencement.

La notion de service reprise dans les autres Super-Univers agit de même avec la qualité à expérimenter de chacun d'eux.

Aussi, vous, enfants issus d'une lignée solaire, ne vous étonnez pas de résonner maintenant entièrement à cette notion de service.

Toutefois, dans cette humanité vous n'êtes pas impérativement tous descendants d'un Père/Mère solaire. Ne vous inquiétez donc pas si votre moteur intérieur ne résonne pas à ces lignées. Écoutez votre intuition et discernez la notion de Vie qui vous porte.

Le nombre de Fils et de Filles du Feu est constant. Avec l'expansion de la zone neutre à l'extérieur de la périphérie du présent Cercle atomique de Vie, nous allons procéder à un deuxième ensemencement d'enfants du Feu. Le premier groupe déjà conçu restera en poste jusqu'à la réunification des sept Super-Univers. Une division de secteurs aura cours, et nous ensemencerons les Fils et les Filles du Feu dans ce deuxième Cercle atomique de Vie, puis dans le troisième. En effet, dans le nombre constant initial, nous avons dénommé certains d'entre eux les *Fils et Filles directeurs* et d'autres, les *Fils et Filles majeurs*. C'est le groupe dit majeur qui demeurera en poste dans ce premier Cercle. Quant au groupe directeur, il aura mission d'amener tous les futurs Cercles atomiques de Vie à éprouver et à ancrer leur mouvement. Par conséquent, il est responsable du moteur *Service* dans les sept Cercles atomiques de Vie. Par cela, ces Pères/Mères Créateurs amèneront cette notion à devenir septuple. Certains esprits en voyage (vous, peut-être !) expérimenteront la plénitude du Service à la Vie.

Dans un temps futur, nous procéderons ainsi à la naissance d'un nouveau nombre constant de Fils et de Filles du Feu ; à ce moment-là, nous déposerons en eux la vision initiale nous animant et la deuxième vision de la force solaire.

En effet, quand nous émettrons ensemble (les quatre Forces primordiales) ce faisceau commun pour finaliser la création (déjà en cours) du deuxième Cercle atomique de Vie, nous encoderons la vision expérimentale des cinq nouvelles qualités du Sans-Nom à étudier. En réalité, nous avons déjà émis un premier rayon commun à l'origine du mouvement spatial sur lequel nous nous appuierons pour déterminer le deuxième Cercle atomique de Vie. Le second rayon commun construira les barrières énergétiques délimitant l'espace accordé à chaque matrice (Super-Univers). C'est bien au moment de l'émission du deuxième rayon commun que la vie humaine pourra débuter. Un long moment sera cependant requis entre l'émission du rayon et la venue des étudiants de la notion *humaine.* Cela offrira aux Fils et Filles du Feu la possibilité d'engendrer le groupe de Mères créatrices qui, alors, porteront peut-être un autre nom afin de ne pas scléroser le mouvement de Vie détenu par Isis et Ève.

Les Isis et les Ève en place dans ce premier Cercle atomique de Vie superviseront l'énergie des Mères dans le deuxième Cercle atomique, du moins jusqu'au moment où les futures Mères créatrices utiliseront leur lumière dans la totalité. Au début de leur action, la plénitude de cette lumière ne sera pas atteinte. Rappelons ici que le premier Cercle atomique de Vie est expérimental, mais que le second ne le sera pas sous cette forme. Il entrera plutôt dans la notion de *déterminer,* autre aspect qui sera étudié plus en profondeur un jour.

Je me permets de partager ici notre vision globale des Cercles atomiques de Vie.

Le premier Cercle constitue le noyau majeur ; actuellement, il émet des germes de pensée qui seront tous expérimentés dans les autres cercles.

Le deuxième Cercle se crée à la périphérie du précédent, dans un volume tout autour. Ainsi se dessinera un centre ovoïdal ou sphérique, selon le rythme respiratoire de la Création.

De création en création, nous assisterons à la naissance septuple du Corps solaire accueillant l'identité solaire. Dans un avenir lointain, l'Île Centrale deviendra l'Esprit directeur installé dans le Corps solaire. Une fois cela réalisé, le Corps atomique se constituera de la même manière, étape après étape dans le cadre d'une vision septuple, pour accueillir ensuite le Corps cristallin.

En réalité, nous assistons tous, observateurs et acteurs, à l'extériorisation parfaite de la vision du Sans-Nom.

Le rayon majeur du corps extériorisé de l'Esprit du Sans-Nom voyagera également par étapes.

Continuons à partager ma vision.

À chaque constitution d'un nouveau Cercle solaire, atomique ou cristallin, les Pères/Mères engendrent une expression de chaque lignée; il en va de même des sous-familles. Si l'on reprend l'image de votre corps, ces lignées représentent la force serpentine de votre colonne vertébrale avec ses deux gardiens immortalisés dans leurs fonctions par l'iconographie du caducée.

Naturellement, mon concept ne correspond pas ici à votre moule de conception. Pourtant, les deux approches sont similaires. Ainsi, sans humour et avec grand respect, nous pouvons dire que les Fils et les Filles du Feu servent les deux gardiens Ida et Pingala au même titre qu'ils servent le rayon du *Soleil Central*, la lumière centrale neutre permettant le mouvement de la Vie.

Ainsi, la sagesse liée au caducée sera une référence vivante dans l'infiniment grand et l'infiniment petit.

Je reprends ici le modèle des poupées russes; en lui donnant une forme ovoïdale ou sphérique, vous avez une vision précise de la création en cours. Plantez le caducée au milieu, et vous obtenez un tableau réaliste de l'avenir.

En outre, enfants universels, nous vous solliciterons bientôt intérieurement pour vous permettre de vous identifier à l'une ou l'autre des forces en mouvement.

Le pas le plus important présentement est celui de l'identification de la lumière, des énergies, des actions ou du rôle liés à la force solaire. Car, que chacun soit engendré par un Père/Mère solaire, atomique ou cristallin, le Sans-Nom lui demande d'intégrer le pôle ou duo solaire/Feu.

Nos présences et mon enseignement répondent à ce souhait.

L'heure est donc venue pour toutes les étincelles de Vie de rejoindre les forces et l'identité solaires. Cet appel souligne l'importance cosmique du présent rendez-vous.

Toujours installée dans ma vision et ma compréhension, me voici à ce moment attendu !

La fin du calendrier maya, peuple solaire incarné, correspond à l'expansion de la zone neutre d'habitation des Forces primordiales et, par conséquent, à l'ouverture des grands plans célestes tenus en réserve.

Aussi, en l'an 2012 de votre calendrier terrestre, nous, Forces primordiales, recevrons le parchemin de création sur lequel sera portée l'expansion de la vision du Sans-Nom accompagnée de ses souhaits. Puis nous réunirons en séance plénière les Fils et les Filles du Feu, de manière à partager ces directives. Toutes les familles et sous-familles solaires seront, quant à elles, invitées à recevoir les impulsions nouvelles dans une autre réunion plénière tenue alors sous l'autorité des Fils et des Filles du Feu.

Les Fils du Feu exhaleront de leur cœur un groupe d'étincelles de Vie afin de constituer une nouvelle famille. Dans ce premier Cercle atomique de Vie, seules les Filles du Feu ont engendré des lignées. Dans le deuxième Cercle atomique, seuls les Fils du Feu le feront. La nature discrète, aimante et protectrice de ces fils sera révélée dans la nouvelle expansion de Vie. Ne vous étonnez donc pas de déceler en vous de fortes affinités avec l'aspect féminin du Feu.

L'identité du Feu étant très étendue, il faut parvenir au septième corps solaire pour en avoir une ample révélation. Pourtant, même dans les Cercles cristallins, vous peaufinerez encore cette identité. Aussi, ne cherchez pas à vouloir à tout prix l'intégrer et la maîtriser. La Création dévoile son œuvre pas à pas. Il en sera ainsi également avec votre identité et vos pouvoirs.

Ah oui, juste un petit mot à ce sujet! Dans votre corps communautaire repose une palette de possibles. Mais celle-ci n'est en aucun cas la totalité de *vos* possibles. Ainsi, la maîtrise s'acquiert-elle progressivement. Et en accompagnant l'expansion du corps extériorisé de la pensée du Sans-Nom, vous êtes amenés à intégrer une grande partie de ses pouvoirs. Doucement, et toujours au cours d'une incarnation, les portes des pouvoirs vous connecteront au flux d'énergie dans l'Esprit du Sans-Nom.

Nous pouvons vous révéler encore que les Fils du Feu ont pour but de vous guider vers ces reconnexions. De toute manière, en regagnant un Cercle atomique après un autre, vous recevrez la clé d'accès à un plan ou une dimension de l'Esprit du Sans-Nom. Dans ces matrices où des expériences fortes seront accessibles, nous sommes donc sûrs de retrouver nos *kamikazes* et, en même temps, la fonction à l'Union, une autre des fonctions du Sans-Nom.

Au cours de l'histoire à venir dans le corps atomique septuple se dégagera le groupe d'encadrement des étincelles de Vie en voyage. Bien sûr, ce groupe continue à se constituer, son nombre étant évolutif. Il accueillera des entités provenant de l'expérience, et ce, en proportion des deux tiers, une fois le corps atomique entièrement réalisé.

Que le terme *encadrement* ne génère pas de réticence en vous, car il répond bien à l'explication et à l'ouverture de pensée souhaitée.

Le lieu de résidence des Fils et des Filles du Feu se situe dans les grandes sections administratives. Les sous-familles résident quant à elles dans des sections de plus petite envergure. Oh la la! ces derniers mots soulèvent déjà des réactions; vraiment, il n'y a rien d'offensant dans cette vision. Les zones administratives sont bien délimitées et répondent à des besoins déterminés qui ont à voir avec l'assimilation des données de l'Esprit.

Si vous êtes honnêtes envers vous-mêmes et la Vie, vous vous apercevrez seuls que vous demeurez dans les premières ouvertures de conscience. Nous ne parlerons même pas des applications!

L'arrivée des Fils et des Filles du Feu dans la zone de troisième dimension signale une ouverture mémorable. Isis, qui a pris poste dans ce système solaire, prépare la venue d'un couple *Fils et Fille du Feu*. Celui-ci vient agencer son lieu de résidence.

Et si nous, Forces primordiales, nous déplaçons à la périphérie de ce présent Cercle atomique de Vie, nous serons également suivis de près par nos fils et nos filles.

Les pôles de troisième dimension s'enflamment ainsi à partir de la Force originelle du Feu solaire. C'est donc un embrasement rayonnant de toute part qui rejoindra notre actuelle zone d'habitation. De ce fait, ce premier Cercle atomique de Vie deviendra UN, et le cœur du corps atomique, septuple.

Je sais, ces notions vous dépassent! Ce sont bien vos mots, n'est-ce pas? Pourtant, enfants universels, vous œuvrez avec nous afin d'assurer cette réalisation. Si vos existences terrestres permettent de vous offrir un terrain d'expérience, d'évolution, n'oubliez pas que votre service à ce corps atomique septuple vise à établir l'unité dans ce Cercle. Par le biais du service, vous découvrirez également le poste idéal à pourvoir à l'avenir. En abordant le futur et le corps atomique septuple, je vous entretiens ici aussi des réalités à venir.

L'Île Centrale restera l'Esprit originel, ce présent Cercle atomique deviendra le Cœur originel de chaque division, c'est-à-dire les corps solaires de Vie, les corps cristallins de Vie.

De la sorte, je permets à votre vision intérieure de projeter un début d'imagerie par rapport à ce qui s'en vient. Si cela s'avère possible en ce moment, cela souligne aussi la fin des tribulations de ce premier Cercle atomique de Vie. En effet, celui-ci est en inspir afin que la naissance du deuxième Cercle atomique ait lieu. Sa forme actuelle est ovoïdale. Toutefois, le premier Cercle entrera bientôt en expir, reprenant ainsi sa forme parfaite de cercle alors que sa vie intérieure entre en expansion. Il y a un décalage entre la vie de la matrice nommée *Cercle atomique de Vie* et celle des planètes et des êtres. Par conséquent, le rythme respiratoire universel n'est pas synchrone avec le vôtre et celui des planètes. Nous entrons dans un expir, une expansion du monde dense dit fini. Un travail colossal d'ancrage des réalités cosmiques de haut niveau au sein des secteurs les plus petits et les plus denses (troisièmes dimensions) nous attend.

Avec la présence d'un couple Feu, ce système solaire ne peut plus vivre dans une dualité exacerbée, vous le savez bien. Pas de chance alors pour les étincelles de Vie en mal de jeu dysharmonieux ! Le temps vient de leur rappeler les lois du mouvement.

En somme, ce système solaire accueille aujourd'hui un Maître Cristal, un Maître magnétique, un Maître d'information du Feu, une Isis et, très prochainement, un couple Feu. Vous pensez qu'avec cet apport de la Source primordiale la vie ne sera plus jamais la même dans ce système solaire. Bien sûr, vous serrez les dents en ce moment et ne parvenez plus à vivre avec vos repères désuets, mais si la vie actuelle est instable et insatisfaisante, prenez votre mal en patiente et épaulez-nous dans la transformation qui vous visite.

Bien sûr, un schéma de Vie universel épanouissant s'installera en plusieurs étapes. Malgré tout, un confort reviendra, lié à la vérité, à l'acte juste, à la parole authentique, à l'émanation du rayon d'amour, au service envers la Vie, à la beauté.

Votre planète fut élaborée à partir des visions de la Beauté, mais avec l'égoïsme pointu et galopant des derniers siècles, cette beauté fut mise à mal. Qu'à cela ne tienne, tous les créateurs de beauté sont appelés à pourvoir un poste sur cette planète et à en offrir une vision plus éclatante encore !

Oui, enfants universels, les dernières expansions de la vision créatrice de la Beauté seront déposées sur ce sol de façon à offrir un écrin resplendissant aux Forces primordiales de la Vie.

La splendeur des hautes sphères s'enracine dans les mondes tridimensionnels. L'esprit de la famille solaire rejoint leur Père/Mère, de manière à emplir tous les espaces.

Là aussi, la leçon sur l'espace approche à grands pas, puisque l'espace s'emboîte comme les poupées russes.

Ce chapitre est créé en vue de polariser votre pensée sur les visites à venir et de vous préparer à accueillir dans l'amour ces Êtres de haute naissance divine.

À force de vous croire seuls et abandonnés, vous avez oublié toutes les fraternités universelles. Aussi, est-il temps de replacer en vous la vie cosmique et ses multiples facettes. Vous n'êtes pas le nombril céleste ! Toutefois, vous représentez un grand intérêt relativement aux germes déposés en vous par vos Pères/Mères. Votre essence particulière crée des pages de vie très spécifiques. Nous vous rappelons donc que vous attirez la présence de lignées *célestes*. Je n'emploie pas ici le terme *universelles,* car il ne correspond pas à l'essence de ces entités. Dans les univers, nous trouvons en fait des lignées issues d'un esprit universel, soit d'une étincelle de Vie ayant accédé au statut de Père/Mère. Mais je m'arrêterai là, car cela constituera un autre chapitre. À vous d'intégrer la réalité de ce Cercle atomique de Vie avec un minimum d'efforts. Progressivement, vous retrouverez votre place.

Les Fils du Feu ouvrent leur esprit et, par votre volonté, vous pouvez y puiser des germes de compréhension ; leur vie multiple devient accessible. Nous vous invitons à en prendre conscience et à appeler ces Êtres merveilleux. Dans leur cœur reposent tous les concepts liés à l'extériorisation de la force protectrice dite *masculine*. Or, il est temps, justement, d'intégrer votre pôle masculin. Ne l'avez-vous pas encore compris ? Pour vous, ce terme rime avec *autorité* et *despotisme*. L'arrivée du pôle féminin vous oblige à revisiter le concept masculin. Par conséquent, en établissant une connexion volontaire avec les Fils du Feu, vous appréhendez avec plus de justesse vos attitudes erronées.

Ainsi, les Médecins du Ciel qui se penchent sur vous sont-ils avant tout les grandes Forces primordiales, ces Esprits directeurs et majeurs, et les Mères créatrices.

Nous déplaçons la zone primordiale de Vie, dite neutre, de manière à inciter Ida et Pingala à se focaliser sur les énergies célestes. Non, ils n'ont rien oublié ; toutefois, votre propre pouvoir de pensée interfère régulièrement avec le bon déroulement des énergies communautaires. La syntonie doit devenir parfaite entre la vie de votre corps communautaire et celle du Cercle atomique de Vie. N'oubliez jamais que chaque strate de conscience cosmique (Fils du Feu, Isis, Force primordiale, entre autres) se retrouve dans l'un de vos corps et que votre véhicule physique incarne la magnificence de ces fonctions.

Aussi, lorsque votre corps physique manifeste un désordre appelé *maladie*, vous devriez chercher à identifier le point de résonance à rétablir. Je vous le dis, votre dysfonctionnement principal a trait au pôle masculin, donc, à votre personnalité. Bien souvent, en nous penchant sur votre état corporel, nous constatons surtout un désordre lié à l'harmonie du Feu en vous. Sans exagérer, et en empruntant une image concrète, disons que vous brûlez de l'intérieur ! Parfois, vous vous éteignez par manque de Feu, mais la majorité d'entre vous « brûle » !

Par conséquent, si le Feu céleste s'approche d'aussi près de vous, attendez-vous à ce que le Feu en vous se réactive, provoquant un désordre plus ample dans un premier temps pour, enfin, retrouver sa tonalité juste. Dans vos *maladies* à venir, un excès de Feu sera le phénomène le plus enregistré.

Ayez donc de la sagesse à revendre en employant la résonance magnétique et en demandant que le modèle conceptuel du Feu, à l'origine de la vie du corps communautaire, soit de nouveau le maître de votre pôle Feu. En un mot, réalignez-vous sur le concept du Feu céleste retenu à la création de votre corps communautaire.

Voilà ! Par cette approche succincte des Fils du Feu, j'honore ces Êtres discrets entourant les Mères créatrices. Leur vie va seulement se dévoiler et, en posant ces quelques mots, je vous entrouvre la porte de cette révélation, par la loi de cause à effet !

Votre pôle masculin doit se réguler, nous vous demandons d'en devenir conscients.

3

Les Fils de l'Émeraude

Les chaînes de montagnes représentent l'extériorisation d'une poussée d'énergie. Rien de bien transcendant dans cette évidence. Pourtant, au-delà des apparences se cache une grande vérité. Pourquoi ? Je vous invite à suivre cet enseignement uniquement afin de réveiller en vous un savoir tapi sous un fatras de connaissances que nous attribuons à cette ère dite *moderne*.

Disons d'abord que votre période actuelle n'a rien d'extraordinaire. Bien au contraire, elle marque un recul de la maîtrise de soi et installe l'esclavagisme. Oui, ce mot fera frémir certains lecteurs et soulèvera des réactions fortes et mal dirigées chez d'autres. Aussi, au début de ce chapitre, j'en appelle d'abord à votre sagesse et vous demande de vous poser en vous.

Déposez l'épée de vos croisades et accueillez le feu d'amour en vous qui ne souhaite que vous épauler dans la traversée de la présente épreuve.

Selon notre vision, la séquence actuelle offre en effet deux aspects : un recul considérable de la liberté individuelle et l'arrivée de l'esclave subtil.

Les montagnes sont surtout des esprits chargés de l'harmonisation d'une parcelle de la Terre Mère. Les plus hautes de cette planète portent la résidence d'êtres installés dans la réalisation de leurs énergies vitales. Les sommets de taille moyenne sont les demeures d'esprits devant œuvrer dans le silence des grands, c'est-à-dire dans leur ombre. Leur temps n'est pas venu de paraître dans la lumière des habitants urantiens. Les collines, ces « mamelons », représentent des lieux souvent très importants, car tous les esprits y sont anciens et détiennent une considérable somme d'informations.

Cette planète étant jeune, elle connaîtra encore des poussées de croissance. Aussi, je vous invite à décristalliser vos concepts vis-à-vis de ces sites.

Vous vivez un temps de pause entre deux mouvements de croissance, et rien d'autre. Les initiés employaient le terme *respiration*; les deux expressions sont justes et traitent de la même circonstance.

Si vous le voulez bien, je vais m'attacher en ces lignes à l'échine pyrénéenne (au sud-ouest de la France), haut lieu sacré encore en dormance. Le réveil d'une partie de cette humanité (notamment sur le sol français) autorise aujourd'hui cette chaîne de montagnes à révéler sa force.

Les entités de lumière responsables de sa cohésion physique divine reçoivent des stimuli en provenance du Cœur du Sans-Nom. Ceux-ci sont teintés d'un profond violet et d'un vert émeraude. Laissez-moi vous instruire ici sur la fréquence *émeraude*.

Sa rotation, ou vibration interne, s'active encore davantage dans une fin de cycle, comme c'est le cas présentement.

L'Émeraude reste en sommeil et n'agit que sur ordre des hautes instances universelles, généralement lorsqu'une humanité dégage des concepts trop viciés. Elle entre alors en service de façon à provoquer un pourrissement total du ou des concepts en question.

Dans mes autres volets d'enseignement, je vous ai précisé que le sol français est chargé du moteur du regard-sentiment-pensée. Or, ce dernier doit muter pour laisser place au concept supérieur et, finalement, s'aligner sur une vision élevée qui nourrira cette planète entière.

En l'occurrence, l'échine pyrénéenne reçoit actuellement des forces afin de favoriser d'abord le pourrissement du regard-sentiment-pensée émis depuis la France. Ne vous étonnez donc pas de voir palpiter cette région et d'y recevoir des visites de plus en plus nombreuses. D'accord, les hauts lieux de l'histoire de cette montagne reprennent du service. Pourtant, je me permets de le souligner, devant les intentions de la foule en attente, la raison cachée reste bien de propulser sur chacun de ces cœurs en demande des énergies visant à induire l'effondrement des structures intérieures non alignées sur la transformation commandée par les hautes sphères. Amis, allez sur cette terre ; promenez-vous sur ces sommets et ayez conscience de recevoir une somme d'énergie pour votre propre mutation personnelle. En définitive, vous effectuerez des progressions gigantesques au sein de votre vision des Lois universelles, mais n'attendez pas de voir ces lieux revivre les mêmes histoires du passé… Cela ne pourrait être, ou vous repartiriez alors dans le passé ! N'en doutez plus, vous êtes attendus afin de pénétrer le futur de votre Être. Aussi, si l'échine pyrénéenne se remet en service, et de manière magistrale, comprenez que la prochaine étape de l'histoire de cette humanité ne s'écrira pas sur ses flancs — et cela vaut pour les autres points vénérés.

Vous offrez vos dévotions à des sites devenus sacrés, et nous vous en remercions puisque vous reconnaissez ainsi l'importance des événements vécus dans le passé de cette terre. Pourtant, comprenez que dans le giron de votre histoire humaine, vous aussi prenez une nouvelle inspiration ; *inspir-ation* ou *inspir-action*. Votre être intérieur demande la force énergétique appropriée, et nous répondons toujours aux besoins de votre humanité. Ainsi, une nouvelle page va effectivement s'écrire sur le sol français, et cela ne sera pas sur l'échine pyrénéenne.

Les tourments vécus par le peuple français nécessitent une force tranquille. Des esprits installés dans ce moteur de la douceur s'offrent à vous. Écoutez donc les impulsions envoyées par vos Pères/Mères, vos Guides et vos Anges, et vos pas se dirigeront vers le cœur nouveau s'animant sur le sol français. Seules les entités encore attachées à leur passé détourneront leur regard de la présente invitation et demeureront reliées aux forces du passé. Cela leur appartient. Quand elles seront lasses de vénérer un passé, elles tourneront leur attention vers les événements du présent.

Le contrat France/Canada/Brésil commence également à impulser de la lumière sur toute la surface de cette planète.
Le Brésil connaît un tourment intérieur afin de s'ancrer dans son propre contrat. Le Canada vivra des remises en question vitales dans les cinq années à venir. Quant à la France, elle plonge dès maintenant dans les siennes.
Louons la Vie afin d'ouvrir leurs voies de réalisation pour le bien de cette humanité et de la réalisation d'Urantia Gaïa.
Oui, vous pouvez traverser ces tourments avec paix, amour et douceur. Trouvez-vous cela paradoxal ? Eh bien, il n'en est rien.

La ceinture d'émeraude de la Terre s'enflamme et, en réponse à l'impulsion première, la Fraternité de l'Émeraude s'active en vue de mettre en place la toile de lumière tout autour d'Urantia. En silence, mais avec force, l'œuvre se termine. Les lieux anciens où la force de l'Émeraude a déjà été active se réaniment afin d'offrir ces foyers comme points d'ancrage à ce qui descend. Toutefois, ces lieux ne représenteront pas les sites importants de l'œuvre nouvelle.

Vous, humanité urantienne en phase d'ancrer la réalité humaine, avez rendez-vous avec les forces des mondes souterrains, là où résident les Maîtres absolus de l'Arc-en-ciel, là où les Dragons sont en service, là où vos pas ne peuvent se poser puisque vos intentions ne sont en aucun cas alignées sur les hautes aspirations des instances universelles. Il est un temps où l'on vénère les Anciens, où l'on *devient* un Ancien, et il est un temps où l'on sert les humanités. Aussi, les forces de l'Arc-en-ciel vous visitent-elles afin de vous emmener dans la région de la Connaissance ; elles vous offrent de devenir un *Ancien*.

Allez-vous répondre ? Nous le saurons bientôt ! Vous avez à déposer un savoir sur les outils de la connaissance passée ; de cette façon, vous entretenez la flamme sacrée de la Connaissance, le Feu primordial en action, en service, en expansion dans sa forme d'amour.

Le moment revient d'approcher le Feu éternel par sa force douce. Nous nous apprêtons donc à accueillir un groupe d'esprits qui seront les nouveaux *Anciens* de cette planète. L'histoire qui va se jouer reposera dans leurs cellules, et leurs cœurs émettront une radiance spécifique, laquelle deviendra un phare pour l'humanité résidentielle qui se recomposera au fur et à mesure. Les Anciens, laissant dès lors leur place aux nouveaux, partiront sur un des corps subtils d'Urantia.

Ils auront bouclé leur œuvre et se verront offrir un poste supérieur où ils pourront expanser leur vision, leur service. En réalité, ils quitteront une fréquence de l'Arc-en-ciel pour se poser sur la suivante, juste au-dessus. De pages d'histoire en pages d'histoire écrites sur la vie et la réalisation d'Urantia, le groupe des Anciens se forme et évolue. De la sorte, la mémoire sur la strate de conscience change de gardiens. N'en doutez pas, les Anciens sont bien les gardiens de la mémoire planétaire et le repère du niveau de conscience atteint.

Au sein de la nouvelle page, et avec l'arrivée de fréquences provenant directement du Sans-Nom, les Anciens, ces gardiens, ne répondent plus aux repères de l'ouverture de conscience.

Ainsi, quelques membres de cette humanité vivant sur la croûte terrestre et s'ouvrant volontairement à l'idée, au concept et à la vision universelle seront invités à pourvoir aux postes dénommés par *les Anciens*.

Durant cette fonction, ils recevront un enseignement particulier et, de révolution en révolution de la mémoire, ils pourront investir des postes auprès des Anciens des Jours, ces Êtres nés parfaits et immuables dans l'évolution des planètes. Ces esprits, fils des Fils créateurs sont nés pour être les gardiens parfaits de la Vie et des concepts du monde fini. Régulièrement, les Anciens issus de l'évolution du monde fini prennent place auprès d'eux afin d'acquérir une parcelle de leur vision. Voici révélée par ces lignes une autre lignée d'entités créant une famille d'autorité sur les concepts du monde fini.

Les membres gardiens des fréquences de l'Arc-en-ciel sont donc les futurs Anciens qui s'assoiront dans l'avenir proche des Anciens nés parfaits.

À chaque couleur de l'Arc-en-ciel, nous retrouvons également les gardiens du Feu (feu émeraude, feu rubis, feu turquoise, etc.). Ce sont les membres de la famille des Dragons. Nous y dénommons donc la famille des Dragons rouges, des Dragons orange, et ainsi de suite. En réalité, par cette désignation nous référons à leur qualité de gardiens et à la tonalité du Feu, dont ils sont responsables du maintien et de l'harmonie.

En outre, nous retrouvons une hiérarchie à l'intérieur de chaque famille de Dragons. Prenons celle des Dragons Émeraude. Le premier degré correspond à leur fonction ; ainsi, ils auront la charge d'éloigner tous les curieux et de maintenir, avec la force serpentine, les portes closes des Agartha devant toute intrusion.

Le deuxième degré renvoie à la fonction de gardien au cours des visites sporadiques des habitants de la surface.

De notre point de vue, nous distinguons douze degrés au sein de chaque famille.

Par conséquent, mes enfants urantiens, si je reprends le thème de ce chapitre, en vous approchant de la chaîne pyrénéenne, vous êtes surveillés par la famille des Dragons Émeraude. Dans une de mes pages d'enseignement (l'un de mes livres), je vous annonce le retour des Dragons. Aujourd'hui, je vais expanser cette parole en ajoutant ceci : la conscience de la Vie et de la fonction de la famille des Dragons s'ouvre dans votre psychisme. Aussi, si vous en voyez un dans vos rêves, comprenez que vous bougez dans la structure de votre concept de la Vie et des lois universelles.

Chaque chakra, roue et porte de votre corps communautaire est connecté à la roue Arc-en-ciel, donc à ses gardiens, les Dragons. L'émission de fréquence d'un chakra est reçue par eux. De cette manière, au fur et à mesure de vos progressions intérieures, vous pouvez devenir l'élève d'une des couleurs de l'Arc-en-ciel. Lorsque cela survient, de grandes transformations se répercutent invariablement sur la personnalité de l'entité.

Doucement, je vais dresser une cartographie précise des fraternités résidant et œuvrant au cœur de la croûte terrestre. Dans un autre temps, nous ferons de même pour celles du cœur d'Urantia. Vous posséderez ainsi la hiérarchie complète de votre sphère de Vie. Vos races de la surface extérieure représentent chacune une fraternité formant le corps de l'humanité, mis à part le fait que cette humanité urantienne n'est nullement constituée que de vos races extérieures, mais bien par l'ensemble de l'humanité extérieure, soit celle de la croûte terrestre et celle du cœur d'Urantia.

J'use du terme *hiérarchie,* mais je vous demande d'éviter d'y accoler une connotation négative.

En apposant ce mot aux races de couleur, je souhaite en réalité vous voir émettre un rayon d'amour et de respect envers chacune. Celles-ci pourront alors délivrer leur sagesse, contenue jusqu'au retour de la race blanche, laquelle n'en est qu'aux balbutiements de la Vie universelle tandis que ces données sont intégrées en globalité par les autres races au cœur de leur conscience.

La race blanche est la dernière à être inconsciente de la Vie et des lois universelles. Elle est actuellement « le garnement » de la famille qui ne *mérite* aucunement d'être reçu et de siéger aux Conseils des Sages. Malgré cela, la race blanche détient le pouvoir d'instaurer la technologie minérale au service de tous et d'ouvrir les voies célestes aux navigateurs de l'Esprit. Elle touche au plus sacré de la Vie et des lois universelles, et fait la sourde oreille aux incitations à écouter la sagesse des Anciens. Par cette attitude entêtée, la couleur blanche, portée par un groupe d'étincelles de Vie incarnées dans des corps physiques en résonance avec cette couleur, sera traversée par toutes les fréquences supérieures de la vie de l'Arc-en-ciel, et ce, en vue de brûler les interréactions induites lors du cheminement erroné passé et présent. C'est donc bien dans le groupe formant la race blanche que seront enregistrés les plus grands événements déstructurant les constructions mentales, affectives et technologiques. Dans ce contexte, chaque déstructuration aura pour but de détruire les approches erronées et de préparer le terrain intérieur, de sorte que chacun redevienne une terre fertile où les graines nourricières libéreront leurs substances fortifiant le corps physique, l'âme et l'esprit. Plus vous vous projetterez dans les besoins du paraître, du pouvoir, d'une mainmise sur la Vie et ses lois, ou détournerez vos frères et sœurs de la source, plus vous serez vous-mêmes projetés au milieu des tourments, dont les visages correspondront à chacun et à sa volonté intérieure vis-à-vis de la Vie.

Avec douceur, les hiérarchies, les fraternités résidant dans la croûte terrestre et au centre de la Terre répondent à l'ordre cosmique de vous amener devant vos responsabilités envers toute forme de Vie. C'est bien la Fraternité de l'Émeraude qui détient la clé finale de votre transmutation. Elle est silencieuse, active et toujours efficace dans l'usage de sa force intrinsèque.

Par conséquent, vous avez rendez-vous avec la famille des Dragons Émeraude.

Fidèle à mes habitudes, j'ouvre volontairement la porte d'un pan de la Vie universelle et, de ce fait, je vous conduis à un vis-à-vis avec vous-mêmes. Ainsi, à chaque rendez-vous induit dans mon enseignement, je bouscule vos cristallisations internes, je favorise le nettoyage de votre grille magnétique intérieure et, ensemble, nous construisons la nouvelle.

Je vous rends acteurs, créateurs de la transformation en cours. Progressivement, je prends votre regard-sentiment-pensée et l'incite à se tourner vers votre paysage intérieur. Ainsi, bientôt, vous prendrez vraiment conscience de posséder des monts et des vallées détenant des puissances atomiques et subatomiques, reléguant la plus forte bombe atomique au rang ridicule de jouet.

Vous êtes toutes les Agartha, toutes les forces des Anciens, toutes les fraternités, toutes les hiérarchies réunies !

Dans ce chapitre, j'actionne la Force Émeraude en vous et je relie toutes vos portes intérieures à ce qui vient.

Peuple français,
visite la chaîne pyrénéenne et comprends que tu es à la recherche de toi-même ;
ton regard fausse les valeurs universelles et tu demandes aux valeurs erronées de ta vie présente de t'indiquer tes manques ou de les combler.

Peuple français,
change ton regard de façon à modifier tes sentiments et à acheminer tes pensées vers les voltiges des concepts supérieurs dispensés par le Sans-Nom.

Peuple français,
la force de l'Émeraude s'active ;
la force du Dragon bouge et sa gueule vomira par le Feu de la terre promise ; son cœur battra à un rythme nouveau et, forcément, ton propre cœur s'y alignera ou s'arrêtera.

Peuple français,
tu as une lourde responsabilité déposée dans ta devise.

Peuple français,
tu dois enfanter la Beauté et la Fraternité ;
l'heure est venue de te prononcer sur ce dépôt ;
ton futur s'engage, alors, de blanc vêtu, tu seras la référence des regards-sentiments-pensées de l'humanité urantienne ;
tes pas hésitants sont honorés ; pourtant, de main de maître, nous te menons sur ce chemin incontournable des épreuves, de manière à te confronter à tes petitesses et à t'offrir la grandiose réalisation qui t'est réservée.

4

Les Fils et les Filles créateurs de votre atome

La Vie est VIE.

Oh! voici une vérité qui ne vous étonne pas, ou si peu. Où Soria va-t-elle nous conduire? Bonne question! Je vais encore délivrer des portes dignes de ce tome. Mais que veut donc dire *Vie*? Vous me répondrez certainement : le contraire de la mort. Pourtant, la mort est Vie. Et cette réponse n'en est pas une!

La Vie représente la vibration lente ou rapide de la rotation de l'atome. Ouf! Soria, nous ne sommes pas habitués à réfléchir sur l'atome!

Enfants de la Terre, votre pensée fut volontairement conduite à épouser un moule étroit où tous les mouvements sont *réduits à une peau de chagrin*. Voilà une expression française typée qui souligne une vérité fondamentale de votre réalité actuelle. En effet, votre pensée est issue d'un organe qui, atrophié, ne remplit plus sa fonction normale. L'organe de pensée reflète sa double fonction d'émetteur et de récepteur.

Attardons-nous un peu à la réception.

Présentement, cet organe est submergé par des basses fréquences volontairement émises de différentes manières par des frères et sœurs. La fréquence la plus courante désormais demeure le bruit entourant l'électronique, la technologie, vos tendances musicales et la violence distribuée par vos médias tous confondus. Le bruit devient la source de dénaturation de votre expérience.

Ce bruit, d'origines multiples, encercle l'organe de pensée d'un champ d'émission. À ce moment, celui-ci ne peut plus capter les hautes fréquences, et cela vous entraîne, davantage d'instant en instant, vers l'aliénation de votre personnalité. L'organe de pensée, d'un état subtil, accueille une structure magnétique et cristalline délicate. Un millionième de millimètre d'écart crée une interférence dans cette structure, qui ne peut plus remplir sa fonction harmonieuse et efficace. Puisque les basses fréquences sont aujourd'hui présentes en permanence autour de cet organe, une sorte de brume noirâtre se dépose doucement sur lui. Cette brume est encodée par une pensée précise visant à vous rendre imperméables aux sollicitations lumineuses ; elle ressemble à une sorte de gélatine très fine obstruant les pores de cet organe. Dès lors, votre pensée éprouve une grande difficulté à s'expanser et à capter les stimuli bioélectroniques. Actuellement, nous décelons une autre émission de basses fréquences issues d'une branche de la technologie qui se propage insidieusement dans les mêmes médias (à leur insu) et par l'air. Depuis peu, une mise en esclavage des quatre éléments — la Terre, l'Eau, l'Air et le Feu — est installée.

D'ici peu, la Terre serait totalement asphyxiée si une intervention divine n'était pas déjà décrétée. Elle se vide de ses substances vitales, sources de Vie pour toutes les humanités. Un petit nombre de vos frères et sœurs se conduisent comme de véritables pirates qui, sans scrupules, mettent un lieu à nu et à sang. Tout y passe ! Les minéraux, les végétaux, les animaux, son sang (le pétrole), les cristaux réduits en poudre pour votre fameuse technologie, et ces poisons que sont vos engrais chimiques.

L'Eau coulant au sein de la Terre se pollue de même, mais le pire demeure les actions conscientes menées pour inverser sa structure et vous priver des bienfaits de cette source de Vie.

L'Air, saturé par la même pollution, s'alourdit. Cela l'oblige à des réactions en vue de déposer ces molécules accrochées à ses atomes.

Le Feu, sous toutes ses déclinaisons, recueille également ces substances vénéneuses. Oui, il s'agit bien d'un venin foudroyant à retardement. Le Feu tente encore de le repousser ; toutefois, il y a bien un essai pernicieux de déviance à l'accès de la Force solaire et donc du Feu.

Comme ces quatre éléments extérieurs à vous sont atteints, la résonance magnétique agissant, l'information se répercute sur les quatre éléments présents dans votre corps. Ce dernier reçoit les perturbations sous une forme subtile qui s'inscrit de même sur les corps subtils, puis ces derniers n'ont d'autre possibilité que de les éliminer en les transmettant au corps physique. La boucle est bouclée, la pollution est complète !

Celle-ci circule de l'extérieur vers l'intérieur, de l'intérieur au cœur, et de l'intérieur vers l'extérieur. Vous êtes ainsi devenus des agents de communication de pollution. Chacun est un maillon très actif, et tout cela à cause de son organe de pensée qui ne remplit plus totalement sa fonction.

Ainsi, l'atome en vous absorbe la pollution qui engendre un ralentissement de sa rotation et induit des interférences entre les neutrons, les protons et les électrons, tous détenteurs d'une force subatomique incommensurable. Ce sont des bibliothèques entreposant trois millions d'informations dévolues à une cellule. La pollution ferme pourtant les portes d'accès à ce savoir mis à votre disposition. Depuis que vos chercheurs jouent avec la vie de l'atome, une grande inquiétude habite le cœur et l'esprit des scientifiques et des responsables universels. Voilà la raison d'une surveillance accrue de ce système solaire. Votre organe de pensée étant cerné, il ne peut plus émettre un champ électrique spécifique devenant la clé d'accès à votre bibliothèque vivante. Les chefs religieux ayant verrouillé la vérité sur le mouvement de Vie universel, vos tentatives d'expansion et de recherche sont systématiquement anéanties. De cette façon, vous avez peu de chance d'engendrer un stimulus afin de réveiller le champ électrobionique nécessaire à l'extraction naturelle de l'information contenue dans la bibliothèque vivante. Pourtant, depuis l'éveil de l'esprit au siècle dernier, la communication fut infiltrée afin de ramener votre regard à la source importante de l'éveil : vous.

Maintenant que cet aspect est abordé, dirigeons votre esprit vers les créateurs de l'atome.

La Force primordiale à l'origine de cette forme d'intelligence suprême a engendré une branche de Créateurs ne connaissant pas l'incarnation. Cette dernière, pour avoir accès à la densité, eut recours à ce bain révélateur en engendrant à son tour des fils et des filles recevant un code spécifique afin de pouvoir descendre jusqu'à la deuxième dimension. Nous parlerons donc uniquement de ces enfants qui parcourent les dimensions densifiées. Ils sont tous en action dans les grands laboratoires universels, œuvrant sur l'atome. Il est intéressant de vous révéler que nous dénombrons jusqu'à un million trois cent cinquante-quatre mille deux cent dix expressions ou visages d'un atome. Votre atome représente l'une de ces expressions.

Comme vous le savez, il possède trois *particules sub-atomiques* importantes : des neutrons, des protons et des électrons. Chaque particule possède quant à elle un code d'accès inter-réactionnel avec les deux autres. Dans le Maître Univers circule un atome constitué de vingt et un *types de particules*. Toutefois, le vôtre reste la dernière expression, née il y a peu, du temps universel, et déposé dans ce prototype lorsque celui-ci fut retenu pour l'expérience unique du plan du Grand Constructeur.

Nous pouvons donc affirmer que votre atome est en phase d'expérimentation et de réglage. Et nous comptons sur vous pour déterminer avec précision la rotation idéale de cet atome dans la vie densifiée. Cela sera pleinement connu lorsque vous atteindrez la septième dimension.

La traversée de la deuxième à la septième dimension révélera les forces et les faiblesses de cette nouvelle création.

Les fils et les filles créateurs de ce *noyau* atomique s'incarnent uniquement sur les planètes maîtresses ayant accès à un *laboratoire majeur*. Il existe en effet des laboratoires universels ainsi dénommés. Dans ces laboratoires, où les premiers-nés ne s'incarnent jamais, sont conçues les principales ébauches ayant trait aux codes supérieurs transmis par les sources primordiales. Ces codes s'appuient sur l'électrobionique, sur l'atomélectronique, sur les quanta et mathématiques des codes et des structures de toutes les sortes de cellules. Les laboratoires dits *mineurs* s'appliquent à créer les formes densifiées aptes à accueillir les encodages majeurs. De la sorte, si une branche de la famille atomique peut s'incarner, une autre reste dans la plénitude de l'expression. Vous pouvez avec justesse en déduire qu'il en va de même pour les autres familles.

Chaque famille de Créateurs se décompose de la manière suivante :

- Une souche est issue directement d'une des quatre Forces primordiales. Cette première souche garde pur le dépôt reçu dont elle est la référence suprême.

- De cette souche sont engendrés des Créateurs dits de deuxième génération. Ceux-ci ne peuvent s'incarner dans les basses dimensions (jusqu'à la septième) et travaillent dans les hautes sphères de leur fonction spécifique.

- De ces Créateurs seront issus la majorité des fils et des filles de l'incarnation ayant mission de rapporter des références liées à un code. Ils ne viennent ni du mouvement descendant ni du mouvement ascendant, ces deux aspects de la Vie universelle étant créés uniquement par la Force solaire.

Sur votre planète, nous observons une humanité constituée d'une majorité de fils et de filles issus du mouvement ascendant, d'une infime partie de fils et de filles issus du mouvement descendant et, enfin, d'une part minime de fils et de filles de Créateurs en attente d'une référence.

En reprenant l'exemple de l'étude atomique, nous pouvons vous dire ceci : la majorité de cette humanité connaît des expériences en vue de rassembler des données, les fils et les filles du mouvement descendant apportent leur fréquence de manière à éveiller la réalité atomique du groupe ascendant. Les fils et les filles des Créateurs de l'atome émettent des signaux encodés vers les *noyaux* atomiques de toutes les formes de Vie, puis ils recueillent les résultats et les transmettent aux Créateurs atomiques.

Maintenant, sans doute comprenez-vous à quel point votre organe de pensée s'avère important dans l'étude atomique de la Vie universelle.

Le prototype humain fut construit dans le laboratoire universel mineur le plus réputé par ses résultats. L'une des familles créatrices en poste dans ce laboratoire est la famille atomique : les **Anauchay**. Ces derniers sont recherchés pour la puissance qu'ils dégagent, et s'associer à eux au cours d'une création garantit un résultat exceptionnel. Certes, l'atome germe reste commun à toute création. Toutefois, en général, les Anauchay transmettent un atome germe encodé à une famille de Créateurs pour une future création et ne s'en occupent plus par la suite. Or, en ce qui regarde votre prototype, non seulement l'atome germe provient-il de cette famille, mais celle-ci y a également déposé des structures bioatomiques issues d'elle-même.

En toute honnêteté, cette famille représente la famille suprême chez les Créateurs. Vient ensuite la famille solaire, qui marque une légère supériorité sur les autres familles de Créateurs, et ce, uniquement parce que le noyau solaire a une expansion future très importante. Dans l'absolu, il n'y a aucune différence majeure. Toutefois, sur la matrice du Temps et de l'Espace, des différences apparaissent en raison de la notion d'espace-temps.

La famille cristalline est et sera toujours différente, car non associable depuis l'extériorisation première de la pensée du Sans-Nom.

La famille atomique ne s'est jamais révélée à la pensée incarnée. Aussi, vous donner le nom de *la famille Anauchay* représente en soi une première dans l'histoire des mondes finis.

Ne vous étonnez pas non plus que ces créateurs ne vous aient pas encore accordé le droit à l'indépendance. Leur force, leur puissance contenue dans vos atomes sont sous leur responsabilité. Ils sont donc en partie vos Pères/Mères en attente de recueillir les données sur les interréactions multiples de l'atome. Leur responsabilité étant très engagée, ils souhaitent maintenir une pression constante sur la vie de vos atomes.

À cela, moi, Soria, j'ajoute ceci : vu les tentatives de vous priver de l'usage de votre organe de pensée, cette attitude est justifiée et sage. Peut-être est-elle-même la garantie de votre retour à la plénitude des fonctions universelles déposées dans la bibliothèque humaine vivante que sont les neutrons, les protons et les électrons.

Toutes les données bioélectroniques sont entreposées dans les électrons. Quant aux protons, ils gardent la mémoire et la connaissance universelle. Les neutrons, pour leur part, conservent la mémoire relative à l'expérience.

Aussi, lorsque vous allégez la mémoire liée à votre vie, c'est bien le neutron qui répond et expulse le quota d'énergie lié à la séquence ouverte. Quand vous recherchez la connaissance liée à l'expérience humaine, c'est toujours le neutron qui s'active. Cependant, si vous tentez de recueillir le savoir relatif à la vie des étoiles, le proton répondra. Pour les informations se rapportant à la vie biologique, l'électron sera à l'écoute. Et si les trois s'associent, alors une fenêtre s'ouvrira sur la connaissance globale des Forces primordiales, et ce, instantanément.

Vos dons suprêmes sont le résultat de l'activation des trois associés — neutrons, protons et électrons. Selon l'endroit physique où ce partenariat suprême s'effectue, l'un ou l'autre de vos dons divins s'ouvre.

Aussi, je vous le dis : vous devez reprendre conscience de la vie atomique dans votre corps. De la sorte, vous rétablirez un contact avec la famille atomique, et avec les Anauchay, grands partenaires dans l'élaboration du véhicule de chair que vous revêtez afin de protéger votre âme, en reconnaissance d'elle-même et en état de perfectibilité, comme votre esprit reposant dans la cellule sans air, cet esprit qui EST et sera toujours la divinité magnifiée.

À la lecture de ces lignes, pouvez-vous laisser s'expanser votre organe de pensée et l'employer pleinement pour englober l'importance de cette révélation ?

5

Comprendre la vie de l'Éther

Le corps éthéré reçoit toute vie. Non, je ne parle pas du vôtre mais de ce corps gigantesque qui vous entoure et dans lequel vous vous mouvez.

Ce que vous appelez *ciel* n'est rien d'autre que l'Éther, cette matière emplie de vie, d'intelligence active et aimante. L'Éther est une matrice impalpable aux êtres denses. Pourtant, elle est solide au point de supporter le poids d'astres cosmiques comme les planètes. Scientifiquement, vous ne pourrez jamais aborder le quanta de l'Éther du point de vue pragmatique ; seul l'œil intérieur peut approcher ces données. Vous inspirez une dose d'éther, et non d'air. Oui, je vous propulse vers une grande vérité : ce que vous nommez air n'est autre que l'Éther.

Au fil de votre temps et du besoin de manipuler cette humanité, des êtres ont déguisé la Vie en utilisant certains mots afin de vous éloigner des lois scientifiques du maintien parfait d'un corps physique. Ainsi, aujourd'hui, votre air est pollué, mais cela ne signifie pas grand-chose. Reprenons la même phrase si vous le permettez : *Votre éther* est pollué ! Saisissez-vous la différence ?

Cette pollution étant avant tout issue de votre psyché, vos grands frères ont installé une barrière d'énergie, de façon à contenir cet éther pollué dans un périmètre acceptable. Comme vous le savez, le temps se présente où votre éther rencontrera de nouveau l'Éther des Aînés.

À ce moment-là, la pureté de leur environnement percutera littéralement la pollution inhérente à votre humanité. Ce côtoiement occasionnera un choc mémorable, car leur *« air »* poussera le vôtre vers vous. De cette manière (inévitable), vous serez invités à reprendre contact avec l'Éther, source de Vie. Oui je pose votre conscience sur un plan plus élevé et non galvaudé, et ce, avec les mots d'abord. Toutefois, au fur et à mesure de votre retour à la vérité, aux lois cosmiques, vous en abandonnerez certains et en emploierez d'autres, ce qui favorisera l'alignement avec la Vie. Ainsi, vous comprendrez mieux la vie de l'Éther. Cependant, je reconnais l'intelligence de cette poignée d'êtres qui ont fomenté cette mainmise sur vos existences. Imaginez combien ils ont su planifier et utiliser la matrice du temps en vue de vous faire glisser dans leur plan !

Faire usage du mot *air* au lieu d'*éther* a permis de vous priver de l'accès au savoir universel. Je sais, j'ai l'air (!) de tourner autour du sujet longtemps, puis de vous plonger en son cœur. J'étudie surtout les verrous posés sur vos voies de connaissance et vous ramène à elles par des chemins différents. Savez-vous que certains mots représentent des clés de signalement ? Ces êtres manipulateurs s'appuient sur l'utilisation des vibrations. Aussi, en glissant en douceur ces présents mots (si je les introduisais directement, j'engendrerais de vives réactions chez eux, et ceci m'amène à être sage parfois !), je vous instruis tout en gardant les « garde-fous » bien en place. L'heure du grand triomphe n'a pas sonné encore. **L'heure est plutôt à l'implantation de racines mentales, émotionnelles solides et inébranlables.**

Il n'y aura aucun triomphalisme à afficher, juste du respect et une invitation pour chacun à couler dans le visage des nouvelles énergies.

L'Éther est un corps subtil extériorisé par le Sans-Nom. Pensez donc à tout ce qui y repose et vous attend. La science est là, à portée de main ou, plutôt, de respiration !

Cet élément, l'Éther, provient du cortex droit du Grand Créateur ; ne comparez donc pas vos fonctions et les siennes. Il nous enseigne une division dans cette matière qui est à l'origine de la naissance du féminin et du masculin, entre autres. Le concept de l'Éther ensemence tous les concepts expérimentaux ayant trait à l'expansion de la Vie atomique. Ainsi, en vous privant du savoir lié à l'Éther, on vous propulse au cœur de la plus grande dualité dans l'Univers.

Vivre en connaissant l'origine, la cause, le concept, l'idée, le but, le germe fournit un terrain solide où planter sa personnalité. Voyez comment vous ignorez l'étendue et les fonctions de la personnalité. Un amalgame volontaire entre l'ego préhumain, l'ego supérieur, la personnalité inaltérable mais perfectible, le mental préhumain, le mental supérieur, et la même chose avec l'émotion, vous entraîne dans la fatigue, voire la lassitude, vous amenant ainsi à vous éloigner de cette étude.

Chaque sujet déjà abordé dans mon enseignement sera encore et encore visité afin de le compléter et de reconstruire ensemble la vision cosmique de la Vie.

Vous attendez tous la venue des frères et sœurs des étoiles, des centres d'information qui vous relieront en permanence d'un système solaire à l'autre, et des lieux de ressourcement.

Nous vous remercions profondément d'avoir ainsi créé un espace mental et émotionnel pour ces rencontres, qui viennent. Toutefois, vous et nous ensemble devons au préalable œuvrer à l'extinction des énergies viciées issues de la psyché humaine et nettoyer l'éther entourant votre jolie planète. Cet entre-deux accueillera donc des moments moins gais et épanouissants que ceux souhaités. Mais ces rencontres prévues prendront racine ! À quoi serviraient ces lieux de rencontre si nous les installions maintenant ? Assurément, nous assisterions à des assauts possessifs et nous ne travaillerions pas dans l'harmonie. Tout étant sagesse et amour, donnons à ces êtres juste assez de temps, mais pas trop, pour leur permettre de déposer leurs velléités guerrières.

Tout au long de la reconstruction de votre grille magnétique interne, nous éviterons au maximum les affrontements, quels qu'ils soient.

L'Éther provient donc du cortex du Sans-Nom. Cette matière, impalpable et solide à la fois, est issue de son corps électronique. L'idée germe origine en fait du cortex, et la matière, du corps électronique. Arrêtons-nous ici quelques instants afin de bien comprendre ce que cela sous-entend, à savoir que vous vivez et respirez dans l'expansion du corps électronique du Sans-Nom ! Comment pourriez-vous alors être abandonnés ?

Naturellement, il vous est alors plus aisé d'intégrer l'idée que la plus haute connaissance contenue dans la pensée du Sans-Nom vous entoure et nourrit votre vie, votre corps communautaire. En parvenant à la reconnaissance de votre propre corps électronique, toutes les voies célestes s'ouvrent et les lois de la densité ne vous retiennent plus. Cela étant, il s'avère intéressant de vous signaler ceci : chaque étude reliée à un corps subtil vous propulse sur une rotation bioélectronique plus rapide, et les verrous apposés sur les portes des corps subtils ne remplissent plus leur rôle. Actuellement, les corps mentaux et émotionnels sont en étude ; aussi, les verrous y étant rattachés vont-ils disparaître progressivement. Après cela, vous explorerez chaque porte et, par conséquent, chaque *ciel.* Là aussi, il vous faut réintégrer le fait que votre paysage intérieur change avec chaque évolution, aussi minime soit celle-ci. Et même si cela se passe à l'intérieur, votre extérieur doit y répondre. Ne cherchez donc pas trop loin le pourquoi des changements rapides dans votre vie sociale. Et avec l'accélération de la matrice Temps, vos propres changements intimes feront de même. Vous n'aurez guère le loisir de vous installer dans une situation. Vous devrez au contraire passer à une autre sans vous attarder, ce qui vous obligera à retenir l'essentiel, ou l'essence, de la leçon visitée. Ne l'oubliez pas, vous êtes attendus dans la sixième dimension. Cela vous amène à voyager rapidement et à ne plus vous arrêter en chemin. Vos guides ont reçu l'ordre de vous titiller de façon à vous écarter des impasses.

La sagesse entoure donc tout être vivant ; en l'appelant, vous traverserez les rendez-vous avec fluidité. L'Éther fonctionne comme un miroir, un sonar, une matrice réceptive. Cela permet au Sans-Nom d'intégrer la vie dense à tout moment, et de n'importe quel lieu. Son corps électronique expansé a cette fonction. Rien de plus facile. En réalité, il sonde les énergies s'intégrant aux siennes. À la lecture de la mémoire akashique, vous pénétrez cette matrice, soit le corps électronique du Sans-Nom.
Par conséquent, votre psyché pollue le corps électronique du Sans-Nom.
Encore une fois, en peu de termes, je prends votre mot *air* et vous restitue une vérité : le voici transformé grâce au mot *éther*. Cela vous permet de retrouver une grande réalité : vous vivez dans le corps électronique du Sans-Nom !
Saisissez-vous la profondeur de cette révélation ? Vous ne pouvez plus prétendre que vous êtes abandonnés, puisque vous reposez, afin de vivre votre aventure, dans les énergies de l'Origine des origines !
Vous pouvez, grâce à cette information majeure, reprendre maintenant un cheminement en paix. Il n'y a là aucun lien à rétablir, puisqu'il n'y a pas eu de rupture à aucun moment ! Je vais même vous entraîner plus loin encore dans cette compréhension. Vous vivez votre aventure au sein d'un des paysages, d'une des portes intérieures de Celui qui Est de tout temps ! Votre *ciel* n'est qu'un des visages contenus dans son corps. L'expansion du premier Cercle atomique de Vie représente l'ouverture des portes à l'intérieur de son corps.
Certes oui, vous êtes ici à un point stratégique de la trajectoire de sa géométrie sacrée et vous œuvrez pour lui permettre d'actionner les moteurs d'énergie afin que leurs roues internes tournent

et conduisent l'énergie lumière sur une facette différente de sa personnalité.

Je reprends ainsi l'information déjà transmise, l'ouverture des portes entre le premier et le deuxième Cercle atomique de Vie, et vous envoie une image plus profonde du jeu actuel sur le théâtre de la Vie. Là aussi, le théâtre est bien issu d'une projection des énergies vitales du Sans-Nom. Par cette expansion de lui-même, il a pris de la matière dans son corps éthérique. Précisons que cette matière prélevée a donné vie aux idées germes. Vous êtes une idée germe émise par le Sans-Nom.

Néanmoins, les corps du Sans-Nom ne ressemblent guère aux vôtres, mais les vôtres favorisent un approfondissement des siens.

À la lecture de ces lignes, que ressentez-vous ? Vous savez, désormais, que votre vie se déroule dans la vie de Celui qui Est ! Car il s'agit bien de cela : vous vivez dans le corps du Sans-Nom. Ainsi, les soleils, responsables de la vie solaire, sont-ils des portes de transmission de sa vie. Chaque système solaire est une cellule de ce grand corps en expansion ; par cette révélation, vous aborderez plus facilement votre vie cellulaire.

Nous retrouvons l'Éther en action dans votre corps, lequel possède des portes particulières permettant sa pénétration sous une forme plus active.

Si vous le voulez bien, je vais employer le mot *« action »* et ses déclinaisons, votre concept de l'Éther étant trop limité, quand il n'est pas carrément inexistant.

Comme votre respiration demeure mécanique, vous appelez la première réalité de sa vie, de sa force, mais juste de quoi maintenir votre corps communautaire. Plus vous vivez mécaniquement, moins vous intégrez les bienfaits reposant dans l'Éther, privant ainsi votre corps d'une harmonisation permanente. En reprenant en conscience l'activation du moteur de pénétration de l'Éther, vous recevrez davantage de nourriture.

En vous installant volontairement dans ce moteur, l'Éther, matrice intelligente, fournira tous les minéraux et les vitamines nécessaires au maintien de la vie du corps. Si vous poursuivez dans cette voie, les glandes physiques situées dans votre cerveau réagiront et déclencheront une chimie particulière en vue de l'absorption totale des spécificités reposant dans l'Éther.

À ce moment-là, une transformation majeure aura lieu et une régénération cellulaire, subtile et physique, commencera.

Ainsi, en vous privant de cette connaissance, on vous manipule et vous garde dans une dépendance physique qui provoque la mort du véhicule charnel et vous propulse dans la roue de la réincarnation, dure séquence de la vie cosmique de l'Esprit.

Comme l'esprit passe aussi par là, sa naissance dans la densité entre également dans un moteur éprouvant. Oui, naître de cette manière, qui vous semble naturelle présentement, reste un instant très éprouvant pour l'esprit et l'âme.

Laissez-moi vous dire que vous devrez revisiter l'acte de naître et y installer une vision aimante. La souffrance qui y est liée est due à l'éloignement de la vérité touchant le concept de la Vie universelle. Ainsi, progressivement, vous y réinstallerez de la douceur, de la conscience et vous appellerez l'Éther dans ces moments-là.

En effet, en employant la force de ce corps du Sans-Nom, les glandes supérieures entreront en action, une nourriture spéciale glissera alors dans le spermatozoïde, et l'ovule sera immergé dans une énergie-lumière différente. L'acte de procréation revisité et vécu ainsi vous sortira de la lourdeur du *péché* déposé sur l'énergie sexuelle. Vous quitterez donc le concept généré par une poignée d'êtres cherchant tous les moyens de vous éloigner de votre état de créateur.

Votre conscience est en état de choc. Choc induit volontairement pour vous priver de la venue d'étincelles de Vie provenant de sphères supérieures et pouvant créer les changements salutaires au sein de cette humanité.

En revenant dans la connaissance de l'Éther, vous entrerez pleinement dans le haut partenariat engagé par le Sans-Nom. Le monde occidental, la race blanche en particulier, emploie des termes empruntés à d'autres races sans vraiment savoir de quoi il s'agit. Vous usez par exemple des mots *prana* et *respiration pranique* sans en avoir une profonde connaissance. Laissez-moi le plaisir de combler cette lacune. Cela ne représente rien d'autre que l'usage conscient de vos glandes subtiles pour appeler toutes les substances de l'Éther nécessaires au bon fonctionnement du corps communautaire. Quand ces glandes sont réactivées, la chimie descend dans le thymus — ce gardien de votre réalisation, de votre perfectionnement —, ce qui permet l'ouverture des portes de communication entre chaque corps subtil et votre corps physique. En réalité, l'Éther parvenant dans sa totalité active vos glandes principales et œuvre à l'alignement des fonctions vitales du corps communautaire avec les fonctions vitales déposées dans le corps électronique du Sans-Nom en expansion. Ainsi, le Sans-Nom se nourrit de votre réalisation et entre en expérience par le biais de votre expérience, ce qui assure une protection à chacun de vous.

À chaque inspiration, vous intégrez les particules indispensables à la fonction vitale du corps physique et toutes les particules géométriques nécessaires à la réflexion de votre géométrie personnelle. En effet, l'Éther garde des particules cristallines dans son essence, lesquelles sont parfaites et immergées dans une formation géométrique en relation avec la qualité à ancrer dans une division donnée. Cette qualité diffère en fonction des secteurs universels et, par conséquent, le Sans-Nom donne un sceau de réalisation aux particules cristallines dans l'Éther.

Prenons l'exemple d'Urantia. La qualité déposée dans l'Éther qui l'entoure est en relation avec l'une des spécificités de l'Amour universel. Les particules éthériques sont alignées sur cette spécificité retenue. En inspirant, cette structure géométrique glisse sur la vôtre, et cela incite votre propre formation à résonner en syntonie. Ainsi, le Sans-Nom vous rappelle en permanence le rôle à incarner là où vous êtes. Chaque particule cristalline de votre corps s'active constamment par l'émission de votre regard-sentiment-pensée. Au commencement de l'aventure humaine dans cette séquence de temps, le regard-sentiment-pensée engendrait des séismes permanents dans la structure cristalline et géométrique. Notre rôle consiste à stimuler la construction éthérique afin d'induire des réactions plus intenses, plus rapides. Nous jouons avec l'Éther, celui-là même que vous absorbez à chaque inspir !

L'Éther a donc plusieurs fonctions :
- Transmettre de la force à votre corps communautaire afin qu'il puisse recevoir les corps supérieurs pour vous amener à l'entière réalisation.
- Il est composé de toutes les particules nécessaires à l'harmonisation vitale de toute forme de Vie.
- Ses particules cristallines réagencent toute particule cristalline défectueuse non alignée sur la qualité du secteur universel de référence.
- Il possède une somme considérable d'informations sur la Vie universelle.
- C'est un élément de communication entre toutes les formes de Vie.
- L'Éther étant l'expansion du corps électronique du Sans-Nom, il demeure votre reliance directe avec lui.
- L'Éther EST la respiration cosmique ; vous utilisez donc cette respiration cosmique.

Toutes vos perturbations s'enregistrent dans cette matrice de Vie. Il est temps pour vous de reprendre conscience du fait que vous n'êtes jamais seuls ni isolés de la Vie universelle. En réélargissant votre conduit de compréhension, vous permettez à l'organe de pensée de se dilater et de reprendre sa fonction sans aucune interférence. Sans effort inutile, vous vous dégagerez du marécage engendré par le gouvernement obscur. Vous retrouverez intacte votre personnalité divine et réharmoniserez vos fonctions internes.

Par conséquent, en employant consciemment et correctement l'Éther, vous deviendrez intouchables vis-à-vis des volontés extérieures et les tentations finement amenées jusqu'à vous ne seront plus des pièges dans lesquels votre personnalité glisse pour finalement s'engluer.

L'une des plus grandes manipulations du gouvernement obscur reste bien sa tentative (en partie réussie) de vous éloigner de la connaissance et de l'importance de l'Éther. En utilisant le mot *air,* vous êtes stratégiquement *déconnectés* de la Vie universelle et de la présence permanente du Sans-Nom. Aujourd'hui, vous voici confrontés à une pollution galopante de l'élément Air.

Les quatre Forces primordiales s'expriment par :

- la vie minérale : la Terre,
- la vie solaire : le Feu,
- la vie émotionnelle : l'Eau,
- la vie éthérée : l'Air, matrice éthérée en mouvement, l'Éther, berceau de la Vie.
- la vie atomique : les atomes,
- et la vie Cristal : le Cristal est la vie protectrice.

Oui, vous voilà interpellés. De quatre, nous passons à sept ! Je vous explique.

Nous, Forces primordiales, portons chacune le Feu, l'Atome, la force Cristal protectrice et la Magnétique.

La vie minérale étant sous la juridiction du Cristal.

La vie émotionnelle, sous la juridiction du Feu solaire.

La vie éthérée est la matrice des quatre Forces primordiales, soit l'expansion du Sans-Nom.

La magnétique rayonne dans tous les éléments.

6

Depuis le Cœur de Jade

Les fils et les filles ayant traversé la dualité terrestre d'Urantia Gaïa se sont dirigés vers son cœur. Nous ne parlons pas ici du Soleil central de votre Terre qui se révèle être une autre énergie.

Ces êtres en ascension, conscients d'eux-mêmes et atteignant les échelons supérieurs de cet acte, se réunirent et créèrent l'Ordre de Jade. Par cette union, leur rayonnement propulse vers l'extérieur de la planète la lumière de ce que nous, êtres des étoiles, nommons *le Cœur de Jade*.

Ces entités sont issues de toutes les cultures, les races et les religions passées. Ces fils et ces filles de lumière émirent une volonté précise encodée dans une Charte de Service envers l'humanité résidente, sans distinction de lieu (extérieur et intérieur de la planète).

Le Cœur de Jade représente une idée conductrice visant à l'élévation et au couronnement d'Urantia, appelée Gaïa par votre groupe vivant dans l'humanité globale de cette planète. Ces fils et ces filles en service exercent également leur compréhension de la vision universelle acquise lors de leur transformation finale au sein de la hiérarchie *spiricielle* installée dans les villes souterraines.

Oui, voici un nouveau mot : *spiriciel*. Ce terme n'appartient pas à mon lexique personnel. L'un de nos élèves urantiens et lecteur de l'enseignement SORIA a retenu le message donné sur le mot *spirituel* et dégagé *spiriciel* de son cœur et de sa pensée. Je l'inscris donc sur mes propres tablettes, car voici une vibration intéressante et représentative de la Vie spiralée.

La hiérarchie spiricielle œuvre depuis les villes situées dans la croûte terrestre et au cœur de la Terre, celle-ci étant creuse et abritant un soleil au centre de sa cavité. Ce dernier porte le nom de Soleil central. Il est relié à la chaîne solaire occulte. Aussi, tout au long de votre cheminement vous ramenant en vous et vous plongeant dans le grand secret, vous êtes guidés par le Soleil extérieur éclairant vos journées physiques et par le Soleil du centre de la Terre, caché à votre conscience immédiate. Celui-ci agit de manière diffuse le jour et ample, la nuit. La Fraternité solaire remplit le rôle de l'Ombre/lumière du fait de la non-visibilité de ce Soleil central, et ce, jusqu'au moment où l'humanité de la croûte terrestre aura élevé sa fréquence bio-électrochimique pour s'aligner sur la fréquence du premier niveau de conscience de l'humanité résidant dans et au cœur de la planète. Dès ce moment, le rayonnement de la Fraternité solaire ne jouera plus le rôle de dualité solaire. Nous voici en train de vous enseigner la dualité solaire alors que vous ne maîtrisez pas encore la dualité terrestre ! En ces instants, j'ouvre votre vision sur la vie multiple spiricielle.

La hiérarchie d'intervention et de direction sur Urantia Gaïa se départage de la manière qui suit. Elle comprend :
– la Fraternité solaire habitant sur le Soleil central de la planète ;
– le Prince planétaire, qui donne son aval à toutes les décisions prises ;
– son conseil de Sages ;

- le Maître du monde ;
- les Sages qui l'accompagnent ;
- le Cœur de Jade (chaque être le constituant siège dans l'une des villes de la croûte terrestre et du cœur de la planète) ;
- les responsables de chacune des villes dites occultes ou secrètes ;
- la Fraternité blanche, une autre branche d'êtres qui sont maîtres d'eux-mêmes ;
- un petit groupe d'hommes et de femmes en voie de réalisation sur votre plan de Vie (la surface de la planète) ;
- un groupe de Médians, navigateurs et messagers entre chaque palier d'expression de la vie d'Urantia Gaïa ;
- un groupe d'Anges attachés à la planète
  (Il est intéressant ici de signaler que les Anges et les Archanges actuellement connus et qui font l'objet d'un enseignement [livres] ne représentent qu'une mince fraction de la famille angélique. À chaque changement de l'humanité, un groupe s'en va et un autre le remplace. Cela se traduit par l'arrivée de sous-races ou de grands êtres de conscience. La famille angélique vivra bientôt l'une de ces relèves.) ;
- un petit groupe de soutien en provenance des planètes sœurs de ce système solaire. Ainsi, Sanat Kumara est devenu, pour un temps, un membre très actif de la hiérarchie spiricielle de cette planète.

Le Cœur de Jade forme un groupe de 4 510 membres.

Le choix de la couleur de rayonnement fut un long débat. Il visait à créer une source parfaite de radiance pour accompagner les frères et sœurs de la surface dans la terrible traversée de la nuit noire collective, et les mener fermement (et à leur heure) vers le cœur de l'être, afin d'unir tous les visages de la vie duelle terrestre et solaire.

À la lecture de ces mots, vous saisirez que vous êtes bien plongés dans ce que nous dénommons *la nuit noire de l'âme-esprit,* et ce, à l'échelle collective.

Quand nous parlons d'ascension, nous évoquons la possibilité de sortir de cette nuit noire et de reprendre le chemin de progression vers l'union de votre corps, de votre âme et de votre esprit. Les grands frères et sœurs guides sont engagés dans un service illimité. Vous les libérerez de leur vœu de service en réintégrant la porte unificatrice de toutes les radiances : fréquence, lumière, pensée, volonté.

Le Cœur de Jade expérimente à son niveau une création innovante qui sera peut-être reprise ailleurs si le résultat offre une vision de protection ouvrant de nouveaux chemins. Toute nouvelle création fait l'objet d'un temps d'observation afin de cerner le plus possible le paysage engendré, et ce sont les Sages des Univers qui acceptent, ou refusent, la perpétuation d'une création.

Le Cœur de Jade n'est pas un lieu physique, mais une radiance issue du cœur des fils et des filles résidant à l'intérieur de la Terre et siégeant dans chaque ville. Toutefois, avec l'éveil en cours, des temples de jade sont élevés en des lieux bien précis. Telos en accueille un et nous en trouvons aussi en profondeur sous le Potala, au Tibet, sous la ville de Brasilia, au Brésil, sous le mont Kilimandjaro, en Afrique, et un autre est actuellement en construction sous la chaîne volcanique de l'Auvergne, en France, dans les départements du Puy-de-Dôme.

Aussi, pourrez-vous vous déplacer dans l'un de ces lieux afin de recueillir la fréquence émise. En outre, durant votre sommeil, il vous est également possible de vous rendre avec aisance dans l'un ou l'autre des temples. Toutefois, pour l'instant encore, il est plus payant à vos yeux et à votre besoin de reconnaissance de dépenser des sommes importantes pour recevoir de l'énergie. Je vous révèle cependant que les fraternités internes ont décidé de créer des points névralgiques nouveaux et importants proches de chez vous, car un grand nombre de vos frères et sœurs ne peuvent s'offrir un billet d'avion pour s'immerger dans une fréquence spécifique. Dans chaque pays seront donc mis en place un temple de jade et un temple de diamant.

Nous reviendrons sur ces derniers, qui auront la charge d'émettre une radiance particulière en vue de vous aider à remettre en circulation la lumière de vos triangles sacrés et, ainsi, de vous voir tous extérioriser la figure parfaite de l'Homme Diamant, une autre notion de la maîtrise à acquérir pour devenir les maîtres enseignants, les références vivantes sur la vie duelle !

Par ces mots, j'entends ceci : vous allez vous installer dans vos lumières et vous mouvoir dans la réalité de l'Homme Diamant ou Homme Cristal. Installés dans cette figure sacrée, vous allumerez vos centres en diffusant des couleurs. Actuellement, vous connaissez les prismes initiaux : le rouge, l'orangé, le jaune, le vert, le bleu et le violet. Pour le couronnement de l'Homme Diamant, vous choisirez parmi tous les dégradés de chaque couleur, comme ces êtres qui, ayant ouvert un nouvel ordre, se sont référés à la spécificité du jade dans tous les possibles du prisme vert.

Oui, vous, lecteurs, visiterez un jour chaque prisme mis à votre disposition et choisirez l'un de ses visages. L'Homme Diamant en devenir sera forcément unique par tous ces possibles. En ce moment, votre pensée limitée n'englobe nullement la totalité d'un prisme, et cela est bien en ces temps.

Un temple de diamant est en construction sous le désert de Gobi et un autre, sous le désert du Sahara. Ces deux temples ne seront toutefois accessibles qu'aux maîtres.

Un autre temple de diamant se construit également au Québec (près de la ville de Québec) et d'autres encore le sont en dessous du lac Titicaca et de l'Himalaya au Tibet. En outre, un temple est en projet pour la France, sous les Pyrénées ou en Auvergne. Une fois la décision arrêtée, il nous fera plaisir de vous en informer.

Des chemins se dessineront pour relier chaque temple de jade et de diamant. Des points stratégiques se créeront et formeront une nouvelle toile. La lumière et la force de réalisation se propageront.

Vous trouverez donc des stations pour les pratiques de dévotion à votre être. En ces lieux, vous aurez par ailleurs accès à l'identité de vos chakras. Naturellement, dans chacun des temples mentionnés demeureront des groupes de fils et de filles du Cœur de Jade et de la vie solaire, de manière à irradier dans toutes les directions la lumière et les informations nécessaires à votre transmutation finale. Le temps n'existe pas; dans l'absolu, tout cela EST déjà!

L'arrivée des temples Diamants devient possible grâce à l'œuvre déjà offerte à la Vie par le Cœur de Jade. Et au sein de votre humanité, nous assistons aujourd'hui à l'émergence d'un petit groupe d'hommes et de femmes réallumant petit à petit leurs triangles sacrés. En nous projetant dans le futur, ce groupe mettra en place un nouvel ordre s'alignant sur celui du Cœur de Jade. Tout naturellement, nous envoyons des impulsions lumineuses de façon à appuyer, à soutenir en profondeur, l'œuvre en cours. Ce groupe cherche déjà sur les plans subtils la déclinaison d'un prisme pouvant convenir à son vœu de service. Nous enregistrons un ballet où les tonalités corail, safran, opale et aigue-marine se meuvent. Par l'intensité dégagée en ce moment, ce sont les couleurs safran et opale qui semblent remporter la préférence. Alors, à l'instar des bonnes fées ou des marraines, nous sommes attentives, nous, Mères primordiales, à la stabilisation de cette création. Au temps où le Cœur de Jade s'est créé, nous avions enregistré une majorité d'expressions masculines en action. Or, en ce moment, ce sont les expressions féminines qui s'expriment. En cela, nous sommes ravies, car l'énergie féminine ancre sa révélation afin d'œuvrer à l'ouverture des nouveaux champs de conscience.

Non, la Vie ne perpétue pas la dualité de la conscience. La Vie UNE rétablit l'équilibre de la balance cosmique, et si les Mères divines dirigent leurs faisceaux de lumière vers ce lieu, c'est bien pour magnifier les pôles masculin et féminin en chacun et chacune. Ainsi, viendront en toute conscience les différentes identités de la dualité. En effet, actuellement, vous parlez de la dualité de manière vague. En vérité, la réalité se décline sur plusieurs modes de manifestation.

Quand vous commencez à vous atteler à son identification, vous pensez ne jamais parvenir au bout.

En partant de l'expression multiple de la dualité, vous arriverez à identifier et à dépasser ce moteur d'ancrage de l'identité céleste. Afin de mieux assimiler la valeur de la dualité, il serait préférable de parler de la dualité liée à la pensée, au regard, au sentiment, de la dualité de l'expression, de celle de l'ego ou de l'énergie, et d'autres encore. En revisitant la Vie à partir de ce champ d'exploration agrandi, désembué, vous pourrez, avec détermination et force, vous réapproprier définitivement, expression après expression, votre champ identitaire, votre chant puis votre parfum, et ce, dans l'énergie-lumière de la densité.

J'enregistre déjà vos questions, et principalement celle-ci : « Suis-je de ce groupe qui créera un nouveau cœur de service ? » Voici ma réponse : « Tout dépend de vous ! » Ce groupe n'étant pas totalement circonscrit, vous pouvez encore le rejoindre si cela vous dit ! Surtout, je vous invite à ne pas vous précipiter dans une révélation tout simplement parce que vous désirez *rejoindre un groupe* afin de vous identifier un peu plus dans ce temps où tous les repères anciens s'effondrent.

Réservez votre choix si, intérieurement, vous n'éprouvez pas de façon nette et intense une vibration vous indiquant que vous œuvrez en cet instant même à cette réalisation. D'autres créations correspondront à l'être que vous êtes. Nous avons besoin de recueillir une multitude de facettes et de germes de service pour l'infinitude des champs vierges en devenir. L'équilibre se situe à chaque pas de la création, autant dans les mondes finis que dans les mondes subtils. Par conséquent, ne vous agglutinez pas autour d'une révélation ; plutôt, écoutez la révélation qui s'élève depuis l'intérieur de votre être. Ainsi, vous serez toujours au bon endroit, au bon moment.

Le cœur radiant du prisme jade a pour spécificité de mettre en résonance une subtilité du rayon de guérison de la mémoire ancestrale et universelle. Voici pourquoi ce cœur pulsant permet également à des familles de Créateurs de venir dans l'énergie de cette planète afin de guérir et de dépasser la mémoire ancienne. Aussi, nous, Forces primordiales, pouvons également répondre à cette offre en glissant nos forces d'énergie-lumière primordiales dans l'énergie-lumière des Pléiades, lesquelles souhaitent engendrer une guérison dans leur mémoire de Créateurs, et, par conséquent, dans leur création.

Ceci est donc devenu possible par la volonté d'un ensemble d'hommes et de femmes de votre humanité ayant su créer un Ordre de service pour cette planète et tous ceux qui veulent en profiter. Depuis, Urantia Gaïa émet un rayonnement pour les Univers.

Voilà ! la notion de service va ainsi au-delà d'un besoin égotique.

Par la naissance de ce Cœur de Jade, la guérison devient possible sur toutes les fréquences d'énergie-lumière des Univers ! Tout passe par la résonance magnétique qui œuvre dans l'intimité de vos atomes. Dès lors, les bandes mémorielles se trouvent visitées par la lumière Jade en service pour tous les frères et sœurs d'ici et d'ailleurs.

Ainsi, les étudiants des lois universelles recherchent tous les secteurs offrant une matrice spécifique de compréhension, de révélation de l'état d'être, et toutes les déclinaisons de la vie du moteur de la dualité.

La matrice universelle se vide partiellement de sa mémoire. Comme vous vous en doutez, cela nécessite de diriger ces énergies vers leurs créateurs, en poste un peu partout dans ce Cercle atomique de Vie. Le retour de ces énergies s'effectue par le biais des grilles magnétiques des univers. Ainsi, d'un point névralgique à un autre, elles pénètrent votre intimité. L'émission initiale générée sur cette planète, ou sous d'autres latitudes souvent très éloignées, revient vers son géniteur. En réalité, vous repolarisez presque toutes les grandes confusions de pensée vécues depuis le secteur universel. Et à juste titre, vous pouvez songer que vous véhiculez les mêmes troubles comportementaux depuis ce secteur. D'un point de vue élevé, vous avez généré des déviances de la lumière et plongé dans la densité avec un bagage universel encombrant.

En vérité, les candidats à l'exploration de la densité se sont fait une image de ce monde. Créateurs, ils ont dû visiter cette création imaginaire avant de regarder la vie liée à ce plan d'expression. Naturellement, ceci ne facilita pas l'approche de cette planète, viciant dès lors sa matrice mémorielle. Comme vous parvenez à un rendez-vous crucial dans l'histoire d'Urantia, force nous est d'insuffler sur la mémoire universelle de manière à induire un nettoyage profond de la vision de la Vie universelle et densifiée. Aussi, l'œuvre entreprise par les êtres de l'Ordre de Jade devient un puissant cadeau pour la transformation finale de votre vision. Ces enfants bien-aimés sont des catalyseurs de guérison. Leur rayonnement va inonder la surface extérieure de la planète en vue de favoriser le retour de la paix dans l'Identité universelle.

Vous donner le positionnement des temples de jade participe de cette guérison, et je suis heureuse de vous transmettre ces données.

Je bouscule toujours votre esprit, mais je sais lui fournir des repères pour qu'il puisse traverser la grande crise de rédemption du regard-sentiment-pensée.

Les informations transmises dans ce chapitre sont d'une importance majeure en tant que facteurs d'aide et de canalisation des demandes relatives au désespoir sous-jacent lors d'un moment dur de l'évolution. Oui, un nombre considérable d'êtres de votre humanité n'éprouvent pas une joie débordante à l'idée de devoir regarder leur mauvaise approche des concepts universels.

Pour eux, je me fais Mère, coupe, eau d'Amour et de compréhension. J'inscris donc dans l'Éther, puis dans la matrice terrestre, les moyens de trouver les lieux permettant de se ressourcer aussi souvent que nécessaire. Alors, enfants de la Terre, le Cœur de Jade a, dès sa création, prévu le moment où la multitude éprouverait le besoin de se guérir. Leur parfaite connaissance de la toile universelle a donc poussé les êtres de l'Ordre de Jade à choisir ce prisme en vue d'aider toute entité en difficulté. L'amour de la Vie de ces êtres englobe leur vision du service et, tout naturellement, leur Charte s'est constituée à partir des supports énergétiques nécessaires à l'accueil des visiteurs. Un jour, les temples de jade s'élèveront jusqu'à la surface extérieure et la foule les pénétrera. L'énergie composant le jade des murs de ces temples est d'une radiance subatomique à ouverture électronique et cristalline.

De cette façon, les sept premiers corps de l'être recevront l'eau de guérison et de repolarisation du regard-sentiment-pensée. En me projetant dans le futur de votre Terre, celle-ci, en plus d'être une planète école, sas d'un Cercle atomique à un autre, référence vivante de l'expérience vécue, sera une source de guérison. Non pas pour ce présent Cercle atomique de Vie qui, lui, rentrera dans la perfection, mais pour les esprits en poste dans le deuxième Cercle atomique de Vie.

Cette vocation s'inscrit tout naturellement dans les spécificités d'Urantia Gaïa, car si vous avez exploré toutes les contraintes de l'être, c'est bien dans le but d'extérioriser des germes nouveaux. Comme vous le constatez, je parle bien ici *des* germes, et non d'*un* germe. Alors, enfant d'Urantia, il est temps que tu te déplaces sur les nouveaux hauts lieux sacrés irradiant toutes les sources d'énergie-lumière essentielles à l'émergence de la guérison de ton identité et de sa repolarisation, de façon à la laisser rayonner pour le bien de tous les secteurs universels. De la sorte, les êtres de l'Ordre de Jade atteindront leur vision, leur service et leur dévotion à la Vie.

7

Approche de la vie du Triangle d'Or

La grande initiation cosmique s'active. Un secteur important est touché par cet événement.
C'est pourquoi des maîtres se présentent afin d'œuvrer et de vous amener à la transformation.

Aujourd'hui, le Triangle d'Or envoie des impulsions, des rayons, de manière à être plus présent au cœur de la mutation qui s'opère. Étrange, car, encore une fois, les êtres du Triangle d'Or propulsent leur lumière directement sur Urantia Gaïa.
De plus en plus, nous pouvons vous révéler les centres sacrés du Cercle atomique de Vie. Sur une planète d'un système solaire, ou dans un corps en voie d'humanisation, on distingue des formes géométriques particulières. Celles-ci vous appellent, et vous pouvez transporter votre regard sur elles. Dans ce Cercle atomique de Vie, il existe un endroit où des énergies-lumière circulent en formant un triangle. La lumière diffusée dans ce lieu laisse transparaître le couronnement de l'état de vie de l'énergie-lumière semblable à de l'or liquide radiant tantôt d'un or rose, tantôt d'un or blanc. La pointe de ce triangle pénètre

le Cœur même du Sans-Nom. Sa base repose dans les sept Super-Univers ; en réalité, cette base les traverse.

Ce secteur est vénéré par tous les esprits couronnés et tous les maîtres. Les résidents du Triangle d'Or sont issus de la plus grande profondeur de la maîtrise. En douceur, j'instruis chacun de vous sur l'état de maître, lui révélant qu'il peut être maître d'une information, mais pas nécessairement d'une autre. Aussi, comprenez que les maîtres résidents du Triangle d'Or sont des êtres ayant assimilé la presque totalité des différents visages de la maîtrise de la création. Nous ne parlons pas ici de la maîtrise du corps, de la pensée, du sentiment, suggérant plutôt la maîtrise de toutes les facettes et sous-facettes de la création.

Ces esprits magnifiés se manifestent rarement, tant leur radiance occasionne à coup sûr une mutation des germes de Vie là où se dirige leur présence, même si celle-ci n'est qu'un mince filet de la lumière Or en fusion. Vous connaissez peut-être l'existence des rayons or et argent. Laissez-moi souligner le fait que ces deux rayons ne proviennent nullement du Triangle d'Or, mais bien plutôt d'un secteur universel bien en dessous de ce lieu sacré entre tous.

Les plus hautes manifestations révélant un nouveau plan se déroulent dans un hémicycle situé à chaque pointe extérieure du Triangle d'Or. Précisons que nous donnons le nom de *Triangle d'Or* à une manifestation ayant un volume pyramidal.

Il y a donc quatre hémicycles dans la zone interne ; ils assurent une circulation entre les sept Super-Univers. De la sorte, des maîtres ne pouvant résider en permanence dans ce lieu se voient offrir une harmonisation de leurs énergies avec celles du Triangle d'Or. Lorsqu'un maître d'un Super-Univers est appelé à œuvrer temporairement dans un autre, il entre par l'hémicycle extérieur le plus proche de son secteur résidentiel en empruntant le sas d'accès à la base du Triangle d'Or. Une fois à l'hémicycle extérieur, il y restera quelque temps avant de pénétrer celui de l'intérieur. Là, il recevra des données pour honorer l'appel reçu et, en dernier lieu, il se dirigera vers l'hémicycle intérieur le plus proche du Super-Univers où il doit se rendre. À ce moment-là, une nouvelle attente s'engagera, où il intégrera les informations reçues, puis il entrera dans l'hémicycle extérieur le plus proche, pour sortir par le sas du Super-Univers concerné.

Le Triangle d'Or s'approche étape par étape, car le corps électronique doit s'ajuster aux fréquences subatomiques élevées.

Progressivement, je vous aide à cerner toujours mieux la structure du Cercle atomique de Vie. Vous y découvrirez une présence constante de la géométrie. Des galaxies se calquent, par exemple, sur des formes concentriques et spiralées ; toutefois, nous enregistrons également la présence du carré, du rectangle, du triangle et de formes plus complexes, telles les fleurs de Vie.

Voyez la composition de votre corps physique ; vous y retrouvez le cercle, le triangle, le carré, le rectangle, les cylindres, les courbes elliptiques et la fleur de Vie. Le microcosme et le macrocosme vivent de la même manière.

Les impulsions en provenance du Triangle d'Or traversent en ces instants plusieurs secteurs de Vie et viennent s'ancrer sur Urantia Gaïa. Elles suggèrent une volonté précise induisant un réveil de la géométrie sacrée interne. Je vous livre ma vision dans ce rendez-vous avec ma partenaire, afin de vous transmettre de l'information. Au cœur des stimuli du Triangle d'Or, je vois la fusion de l'énergie-lumière or rose s'insinuer entre chaque forme géométrique et toucher les triangles d'énergie sacrée des secteurs traversés. En observant ceux de la planète Urantia et de votre corps humain, je distingue plusieurs émissions de sources supérieures visant à favoriser la pleine transformation de votre planète et de sa population. La venue de l'énergie du Triangle d'Or m'enchante, car j'en connais la force !

Désormais, Urantia Gaïa accueille la radiance du Maître du Service magnétique, du Père/Mère des Cristaux, de la Fille primordiale engendrant la force divine solaire. Elle accueille aussi les grands Maîtres couronnés et l'énergie du Triangle d'Or.

À mon avis, le Sans-Nom, avec son rayon direct, va bientôt mettre toutes ces sources en syntonie. Pouvez-vous envisager le résultat à venir ?

Le Triangle d'Or, ayant sa pointe dans le Cœur du Sans-Nom, est un amplificateur de la Source pour le Cercle atomique de Vie. Tous ses résidents circulent d'un Super-Univers à l'autre, en fonction des besoins de l'instant. Tout comme les quatre Forces primordiales dont je fais partie, j'ai visité chaque Super-Univers. Cela s'inscrit en outre dans mon histoire de service. Aujourd'hui, je suis proche de votre planète, car l'heure est venue de mettre la clé d'or dans l'atome germe d'Urantia et d'induire une syntonie entre les planètes relais, de manière à créer un Cercle sacré d'émission à tonalité or. Nous savons que, dans le futur, cette terre et chaque planète relais accueilleront un Être du Triangle d'Or.

Voulez-vous que je développe cette information ? Revenons donc à ce qui se passe. Les champs vierges à l'extérieur de ce Cercle atomique de Vie s'animent et s'apprêtent à recevoir la Vie. Comme leur résonance et leur maturation sont prometteuses, les Forces primordiales se déplacent jusqu'à la périphérie extérieure du présent Cercle atomique de Vie. Nous y allons afin de créer une zone neutre où nous habiterons. Dans un temps futur, les barrières d'énergie entre les sept Super-Univers s'effondreront, et ces derniers s'uniront. Nous aurons alors un Cercle unifié dans ses sept identités, et celui-ci deviendra un Cercle atomique de Vie à teneur d'identité déifiée et septuple.

Les zones sacrées resteront le Triangle d'Or et les autres zones déjà connues pour l'instant.

Le Triangle d'Or émettra alors des lignes de prolongement de sa base, lesquelles passeront par les planètes relais. Urantia étant une clé, elle sera traversée par l'une de ces lignes et, dans un grand futur lointain au sein du deuxième Cercle atomique de Vie, quatre nouveaux hémicycles se créeront. Actuellement, quatre planètes sont proposées pour accueillir dans leur aura cet hémicycle intérieur qui permettra le mouvement des futurs maîtres en poste dans le deuxième Cercle atomique de Vie. Parmi ces quatre planètes, nous avons proposé Urantia.

Actuellement en expansion, ce Cercle atomique de Vie épouse une forme ovoïdale ; il retrouvera ensuite celle du cercle parfait. Dès lors, la base du carré sacré parviendra jusqu'à sa périphérie. Dans ce grand futur lointain, les Êtres d'Or du Triangle sacré se promèneront dans tout le Cercle atomique de Vie à identité septuple. Quand cela surviendra, nous assisterons à la pleine maturation d'une des pensées du Sans-Nom. Dans son grand plan, partiellement dévoilé, le premier pas important sera la consécration de ce premier Cercle atomique de Vie, qui deviendra immuable et parfait dans sa structure complexe.

Les présentes interférences représentent les troubles liés au besoin d'autoreconnaissance de son état. Vous œuvrez à l'identification de votre structure divine et de ses multiples facettes. Vous construisez progressivement les assises de l'édifice immense des mondes finis, la référence extrême entre le fini et l'incréé, le maillon suprême de ses expressions.

D'ici là, retour à l'instant et à votre responsabilité, laquelle s'amplifiera par la venue de toutes les hautes sources de lumière. Dans l'immédiat, vous en recevez la puissance au compte-gouttes. Au fur et à mesure, vous passerez d'un mince filet à une infusion de plus en plus conséquente. Quand vos structures bio-électrochimiques seront prêtes, plus fortes, les Êtres du Triangle d'Or descendront. Comme vous le voyez, enfants urantiens, votre devenir dépasse toute imagination.

Par conséquent, nous attendons désormais de vous des prises de position sur tous les aspects de la vie incarnée et subtile. La mièvrerie n'est plus de mise. Rappelez-vous les paroles du Maître Jésus : *« Je vomirai les tièdes. »* Grâce aux connaissances que je vous transmets, vous devenez plus aptes à approfondir son enseignement, qui, déjà, vous avertissait de ce qui venait.

Enfants urantiens, vous serez bientôt interrogés sur votre volonté de vivre, dans le futur, à l'intérieur ou en dehors du Triangle d'Or expansé.

Laissez-moi aborder ici une question qui, forcément, sera soulevée par les esprits critiques. Dans la chaîne d'évolution, une planète naît et meurt. Comment Urantia pourra-t-elle arriver intacte dans ce futur lointain ? J'ouvre ici un enseignement sur ces planètes à devenir spécial. Mes propos ne seront donc pas d'ordre général, mais porteront uniquement sur les planètes entrant dans des spécificités exceptionnelles.

Voici. Une planète est proposée afin d'accueillir un destin particulier. Les grands Sages se penchent sur elle, étudiant la viabilité du projet et la radiance possible, puis l'acceptent ou la rejettent.

Supposons que cette planète est retenue. Les Sages élaborent aussitôt un plan de progression afin qu'elle puisse sortir de sa cellule germe des codes appropriés. Forcément, l'humanité résidente connaîtra alors une période de troubles intenses. Une fois ces codes de la Terre sortis, l'esprit de l'humanité devra en faire autant et viser à leur union avec les siens. Cela étant, une fusion aura lieu et la planète emportera son corps physique dans son ascension. Celle-ci ne connaîtra donc pas la mort de son corps physique. Selon la réalisation à venir de son état, cette sphère de Vie se posera sur les premiers échelons supérieurs de l'ascension. Ce sera là une étape. Parfois, cependant, elle en restera à ce stade.

D'autres planètes sont promises à un avenir encore plus grand. Dans ce cas, un deuxième programme sera transmis, et ces planètes concernées et leur humanité s'attelleront à cette nouvelle réalisation.

Quelques planètes sont ainsi appelées à un destin hors du commun. Dans la progression de l'ascension, sept grandes étapes sont proposées. Généralement, ces terres vivront au moins les deux premières.

En vérité, rares sont les planètes qui subissent une implosion de leur corps physique. Elles sont plutôt nombreuses à parvenir à la deuxième expression subtile et à se positionner dans les corps subtils des soleils. Dès lors, elles disparaissent du monde dense et vivent paisiblement dans les corps subtils du Cercle atomique de

Vie. Voilà encore une approche à développer ; toutefois, j'y reviendrai plus tard.

Ce qui reste important à comprendre, c'est le destin unique de votre groupe d'esprits incarnés dans un système solaire à identité de *laboratoire géant* et le fait que la planète Urantia Gaïa est porteuse de codes spécifiques la destinant à un devenir unique. Présentement, elle est proposée pour accueillir la base du Triangle d'Or expansé dans les dimensions les plus basses. Sera-t-elle retenue ? Tout est réuni pour recevoir l'aval final. Si on la refusait, Vénus serait le second lieu idéal, car les impulsions descendant du Triangle d'Or passent dans son aura. Toutefois, les stimuli s'ancrent déjà dans les atomes d'Urantia.

Comme votre Terre supervisera deux des prochains Super-Univers, elle a la faveur. Ainsi, depuis ce lieu, nous trouverons le sas d'énergie assurant le passage de ce Cercle atomique de Vie à l'autre en donnant accès à deux nouveaux Super-Univers et au sas traversant la zone neutre d'habitation des quatre Forces primordiales.

Il est vrai que les Êtres d'Or devront circuler sans gêner les habitants non en mesure encore d'intégrer la fission de l'or. Aussi, je pense que vous, Urantiens, entrez dans une période où vous intégrerez d'abord la vie du rayon or et du rayon argent, deux aspects élevés de la vie du prisme. Vous approcherez la puissance de la vie Or en fission. Quelques-uns d'entre vous entreront très certainement dans cette famille. Pour cela, ils repousseront toutes les barrières comprimant la conscience. Leurs atomes révéleront toutes les informations contenues en eux. Amusez-vous à calculer le nombre de ces informations, en tenant pour acquis que chaque atome détient trois millions de données ! Voilà de quoi avoir le vertige, n'est-ce pas ? Et de l'humilité, aussi ! Tout en possédant un incroyable potentiel, gardez la simplicité de votre expression.

Graduellement, l'or en fission s'approche de votre quotidien. Je vous garantis des moments forts, car votre propre triangle sacré à teneur fusionnelle, se posant sur vos trois glandes cervicales, connaîtra plusieurs fissions afin de s'aligner sur la fréquence du Triangle d'Or. Vous pouvez mener à bien, et à terme, la plénitude de votre propre triangle d'or interne. À cette étape, la glande pituitaire, l'hypothalamus et la glande pinéale ancreront la haute radiance de l'or et deviendront l'image incarnée du Triangle d'Or.

Les Êtres d'Or sont des fils et des filles ayant intégré les multiples facettes de la maîtrise et vécu les sept étapes de la fusion des trois glandes sacrées du cerveau. Ils sont devenus l'or en fission !

Comme votre planète est proposée pour accueillir l'hémicycle interne de l'expansion du Triangle d'Or, vous êtes déjà dans la nécessité de progresser dans ces sept étapes de l'état d'Or. Attachez-vous à bien maîtriser un sujet d'étude et d'information. Ainsi, vous intégrerez en douceur les phases obligatoires de l'incarnation de l'identité suprême.

Si, pour une raison ou une autre, ce devenir ne se faisait pas avec aisance, vous seriez placés dans des secteurs où la radiance de l'Or fission n'est pas obligatoire, et une fenêtre de temps s'ouvrirait pour assurer cette étape. Je me dois de préciser que vous pourrez vivre des aventures dans le deuxième Cercle atomique de Vie avant d'arriver à cet état suprême. Aussi, ne forcez pas votre progression, travaillez en parfaite osmose avec vos guides, votre Père/Mère et vos maîtres, et vous parviendrez à cette réalisation.

Permettez-moi encore de construire mon enseignement d'une manière particulière en prenant pied sur les bases d'enseignements anciens et en les transcendant afin d'ouvrir des codes subatomiques au sein de votre bio-électrochimie.

Je contourne volontairement les réalités présentes, car elles sont obligatoirement caduques, comme, d'ailleurs, les réalités à naître à court terme ! Je construis mon enseignement en déployant une fleur de Vie unique qui se dévoile avec des détours. Je vous place dans la nécessité de revenir encore et encore sur un volet de cet enseignement et vous révèle enfin que j'ai déposé vingt et une approches dans le silence de l'aura de chaque mot.

Je souris lorsque vous vous efforcez de comprendre dès la première lecture la globalité de tout ce que j'ai transmis, car je m'adresse en fait aux vingt et un corps de votre corps communautaire, le véhicule physique n'étant que le premier de cet édifice.

Votre organe de pensée est sollicité bien plus que ce que vous percevez, et ce, afin de favoriser l'extraction des codes d'information de vos atomes. Nous souhaitons vous amener sans souffrance à la première marche de la fission de l'identité Or déposée au sein de votre identité céleste.

Vos Pères/Mères se réjouissent de voir leur progéniture incarnée actuellement sur Urantia Gaïa, terre choisie pour recevoir une somme considérable de révélations. Ils savent l'insigne honneur que vous avez d'être présents dans cet espace-temps où les Forces suprêmes se déplacent. Cette réalité n'a pas encore pénétré votre organe de pensée et de compréhension, mais cela ne me gêne pas et je ris même de cette absence de manifestation. Au-delà du dédain apparent, je décèle en réalité un besoin de l'ignorer afin de vous déplacer dans la *« platitude »* de la vie incarnée, platitude semblable à une croyance indéracinable, mais ô combien illusoire!

Cette construction mentale se fissure et s'écroulera bientôt avec autant de rapidité que l'effondrement de vos châteaux de cartes, ou de sable. Les grands raz-de-marée d'énergie-lumière suprême qui se dirigent vers votre planète ne laisseront derrière vous que la base nécessaire à l'élévation de votre propre énergie-lumière.

L'*Amourpaix* sera votre moteur d'action en cette mutation.
Vous ajusterez, comme dans un puzzle recevant le morceau final, la figure dévoilant le paysage de la totalité de votre être intérieur, de l'être en devenir dans ce Cercle atomique de Vie.

Comme il vous est offert de vivre la fission suprême, vous pourrez vous déplacer, depuis les Cercles atomiques de Vie, dans les Cercles solaires, cristallins et électroniques de Vie.

Qui parviendra jusqu'à eux en tant que *Maître révélateur des Lois vivantes*?

À vous d'y penser! Sachez toutefois que ce devenir dépendra de vos choix dans l'instant présent de la densité. La troisième dimension s'avère un puissant bain de révélation de la source sacrée cachée en vous. Elle demeure un tremplin apte à vous propulser vers les grandes hauteurs de l'être.

Pour atteindre l'état de l'Or fission rose ou blanc, une étape non dévoilée par le Sans-Nom reste encore. Une fois cette ultime possibilité révélée, la deuxième page de son Plan sera présentée et nous pourrons davantage y lire son projet, sa pensée.

La première page concerne la vie et la réalisation de ce premier Cercle atomique de Vie, et c'est pourquoi nous venons vous parler de la Vie et de ses lois, des réalités en cours et à venir.

Vous êtes tous inscrits dans cette réalité. Mes révélations ne représentent qu'un faible pourcentage de la totalité d'entre elles, et je me réjouis de déjouer votre mental, de le saturer tout en contentant les autres aspects de votre identité.

À vous de reconnaître que le mental ne sera jamais la clé de l'intégration de l'enseignement transmis par la Force primordiale appelée *SORIA*.

Vous ayant construit un véritable puzzle, j'appelle votre pugnacité à se manifester à son summum. Tel sera votre atout devant ce qui vient vers vous.

Et n'oubliez jamais de lui adjoindre l'Amourpaix !

8

La science universelle ou Géométrie

Votre corps vit grâce à une succession de géométries partielles articulées entre elles qui engendrent une géométrie unique.

S'attarder sur une seule de celles-ci déséquilibre les autres. Au cours de vos études, veillez donc à rééquilibrer en permanence l'harmonie corporelle. Sachez qu'en absorbant toute substance, cette ingestion se met en mouvement et passe d'une géométrie partielle à une autre avant de parvenir à celle qui correspond à son appel.

Dans le même ordre d'idées, s'arrêter à un état corporel partiel en dysharmonie appelé *maladie* ne favorise nullement le retour à l'idéal de la vie corporelle. Je préfère le mot *corporel* à l'expression *corps physique*; cela permet à votre pensée de mieux s'ajuster à ma vision.

Jusqu'ici, il a été question de fréquence, ou vibration. Aujourd'hui, nous souhaitons revenir sur ce sujet tout en abordant néanmoins un autre aspect. Cela facilitera l'intégration des premières approches et ouvrira davantage la conscience sur la Géométrie.

Chaque organe, chaque secteur corporel, chaque fluide porte un schéma précis lui donnant une apparence visuelle et un état dit *de santé*. Par conséquent, la santé correspond uniquement à la forme géométrique parfaite dans son expression. L'état de non-santé indique donc un dérangement au sein de l'une de ces expressions.

Ces géométries émettent une fréquence, soit une vibration due au passage de l'électricité parcourant les chemins dessinés par l'une d'elles. L'électricité est engendrée par l'extériorisation d'une substance du cœur de la cellule, donc de l'atome, et peut sortir de l'électron, du proton ou du neutron. À juste titre, vous pouvez en déduire que l'électricité issue de l'un de ces trois *noyaux* aura une spécificité propre et que son action s'appuiera sur un chemin corporel plutôt qu'un autre.

Hé oui! le sujet développé dans ce chapitre est fondé sur les lois scientifiques. Nous souhaitons vous permettre de devenir un peu plus responsables au sein de vos corps et, dans ce but, nous ne pouvons laisser de côté l'aspect scientifique de la Vie universelle.

L'état de santé renvoie avant tout à la fréquence (l'électricité issue de l'atome) *dans*, *sur* et *autour* des structures prévues à cet effet. Naturellement, les nerfs conduisent un quota d'électricité vers des points précis, dont les organes et les muscles. Un autre quota électrique passe dans les fluides. Toutefois, la plus grande portion circule dans les géométries partielles.

Ainsi, la cellule déclenche-t-elle des chimies en fonction des pensées émises, lesquelles chimies se joindront à l'électricité et remonteront jusqu'au cerveau, qui les reconnaîtra et induira des ouvertures dans sa propre bibliothèque de référence. Puis, le cerveau répondra en envoyant à un secteur ou l'autre du corps des images, des stimuli particuliers ayant une structure géométrique. Ce sont ces réponses qui entraînent une modification dans la géométrie parfaite. Le sentiment accompagnant la réponse peut être à l'origine du blocage d'une articulation géométrique et induit souvent ce que nous appelons une *cristallisation*.

Étant donné cette présence, l'électricité atomique est désormais incapable d'emprunter les chemins initiaux, et il y a déperdition et dispersion de celle-ci. Dès ce moment, les cellules accueillant cette formation de manière impromptue s'électrisent en dysharmonie. Cela ressemble alors à un électrochoc ou à une électrocution partielle. La structure géométrique touchée se fendille, se brise, ou génère un trou dans sa construction. Vous voilà dans l'état dit de *maladie*.

Deux solutions s'offrent à vous. La première : vous faites appel à une fréquence dite *guérisseuse* encodée pour reconnaître la géométrie partielle endommagée et voir à sa reconstruction.

La deuxième : vous rendez visite à votre médecin et, là, deux approches sont possibles. Soit celui-ci est à l'écoute de la Vie et choisit le remède approprié et le moins nocif ; soit il pense plutôt à rentabiliser son cabinet et devient dépendant des trusts pharmaceutiques.

Je sais, ces mots ne feront pas plaisir ; pourtant, j'aborde là certaines grandes réalités. L'une d'elles est la structure des médicaments allopathiques, qui sont loin de vibrer en syntonie avec votre géométrie ! S'ils ont un effet temporaire apparemment efficace, ils ne font souvent que déplacer la cristallisation en la propulsant vers une géométrie harmonieuse.

La cristallisation ne peut se dissoudre tant que le sentiment de l'être n'est pas pris en compte. Nous vous invitons à changer votre regard-sentiment-pensée et nous demandons au corps médical d'intégrer la vie du regard-sentiment-pensée dans l'état de santé. Ainsi, les soins deviendront efficaces.

En changeant votre regard-sentiment-pensée, vous arriverez à modifier l'émission de votre chimie interne, modelant l'électricité atomique qui induit des cristallisations, des blocages.

Le regard déclenche la reconnaissance de l'imagerie, laquelle crée le sentiment ou l'identification de la vibration reliée à cette image. Le sentiment donnera lieu à une pensée réactionnelle. Dans ce paysage, la mémoire liée au vécu favorisera le passage du sentiment vers un circuit de pensées plutôt qu'un autre.

Si votre passé est douloureux par vos expériences mêmes, le sentiment relié à ce vécu a structuré la pensée à partir de l'aspect négatif de ces expériences, rejetant dès lors les approches positives ! Ce sentiment a donc créé des fermetures ou, si vous préférez, des minigéométries présentes en des points stratégiques et obligeant les futures pensées à revenir sur l'approche négative de ces expériences. À chaque nouvelle expression, vous renforcerez ainsi les fermetures et, en retour, vous donnerez de l'énergie à ce regard dévié de la réalité de la Vie.

Un remède ne donne pas la possibilité de changer de regard sur la Vie. Aussi, vous faut-il comprendre que vous devez reprendre les rênes de la volonté générant une autre chimie intérieure. La volonté met en mouvement une électricité issue des glandes supérieures accueillant des neutrons à teneur différente de ceux du reste du corps. Les neurones sont reliés à la vie des glandes supérieures. Ils se refont en permanence, et seule la croyance en la mort empêche leur renouvellement et ralentit la reconstruction de la perfection de la cellule, comme de son quota.

Attardons-nous à la repolarisation du regard. Vous commencez à le modifier, et ce regard innovant ne s'appuie plus sur les vieux chemins de communication amenant l'électricité dans le corps. Regard nouveau, image nouvelle, chimie nouvelle et, forcément, le sentiment se modifie à son tour et la pensée suit ! Le sentiment accueille l'amour, lui faisant une place plus grande, mais que se passe-t-il vraiment ? L'Amour est la vision et le moteur choisi par le Sans-Nom.

En vous réappropriant l'amour, vous appelez la synergie induite par le Sans-Nom, et cela entraîne la décristallisation de la biochimie au sein de votre géométrie.

Et comme vous intégrez ce sentiment supérieur, vous continuez à modifier votre regard. En vérité, vous mettez en marche un puissant moteur.

La géométrie contenue dans l'Amour supérieur en provenance du Sans-Nom est un rappel permanent pour extérioriser la perfection de votre géométrie personnelle.

Certes, l'Amour du Sans-Nom demeure bien éloigné de votre notion de l'amour. Votre approche terrestre cherche en fait à identifier la chimie, la fréquence, dégagée par l'Amour du Sans-Nom et à l'installer en vous. Par conséquent, vos tâtonnements, vos balbutiements sont acceptables dès que vous entreprenez d'obtenir la reconnaissance des influences supérieures.

Aussitôt, les chakras et sous-chakras dits supérieurs rempliront leur rôle à la perfection. Ce sont des roues d'énergie, c'est-à-dire des carrefours, et leur rotation sert la transmission de la bio-électrochimie des neutrons, des protons et des électrons. Chaque fréquence émise depuis ces centres forme une déclinaison lumineuse et une autre, sonore.

Aussi, la couleur reliée à un chakra parle-t-elle de la fréquence bio-électrochimique qui découle d'un proton, d'un électron ou d'un neutron. En élevant le taux de ces fréquences, les spectres lumineux changent.

Alors, enfants urantiens, je vous le déclare : vos yeux vont enregistrer un changement des tonalités reliées aux chakras, car la vie de ce système solaire est en mutation afin d'élever vos fréquences internes et de remodeler vos structures géométriques.

Vous entrez forcément dans une période d'inconfort due à ces modifications internes et à l'évacuation des cristallisations installées sur vos géométries partielles, dans le but de permettre un rayonnement plus proche de l'état de perfection et d'émission fréquentielle pouvant circuler sur les chemins de la bio-électrochimie élevée du sixième niveau de conscience de l'état d'être déjà en place dans ce système solaire.

Si vous êtes sollicités de vous positionner sur cette expression, vos frères et sœurs de ce système le sont également afin d'ouvrir les portes des septième et huitième plans de conscience.

Je l'avoue, ce qui se présente devant vous provoque obligatoirement un rapide mouvement lié à l'accélération de la fréquence de ce système solaire. Par conséquent, nous pointons du doigt vos réactions erronées issues d'une mauvaise polarisation du regard. Ce que vous croyez être du *négatif* accueille un moteur formidable de transformation, et ce que vous croyez *positif* accueille parfois un moteur lent de transformation.

Aussi, faut-il vous rééduquer afin d'enregistrer tous les stimuli suscitant la repolarisation parfaite du regard-sentiment-pensée.
Je vous en prie, placez votre regard au-dessus du moteur du jugement, du moteur de l'autocritique, du moteur de l'autoculpabilisation et du moteur de l'autopunition.
Oui, je répète plusieurs fois le mot *moteur* de manière à vous faire comprendre que ces attitudes ont des vies bien distinctes l'une de l'autre.

Uniquement en prenant le regard et en l'amenant au-dessus de la fréquence de ces quatre moteurs abaissant la rotation des neutrons, des protons et des électrons, nous induisons une accélération de la fréquence de la bioélectricité atomique. Autrement, cette chimie est au *ralenti* et non à plein régime! Par cette position lente, vous descendez dans ce que l'on appelle une *dimension de basse fréquence.*

En prenant au départ une approche scientifique, je vous explique rationnellement les propos tenus par tous les initiés. Dans ce chapitre, j'unis les aspects scientifiques et ceux qualifiés d'irrationnels, leur rendant ainsi leur identité commune. De temps à autre, je partirai du plan scientifique afin de vous parler de votre être divin.

Je souhaite que nos enfants scientifiques réintègrent les lois divines et que nos enfants spiriciels réintègrent, quant à eux, les lois scientifiques. Cela donnera lieu au choix suprême de la technologie vivante divine et respectueuse des lois universelles. Et cela apaisera la sphère émotionnelle humaine malmenée par le regard borné de quelques-uns parmi vous.

J'emploie le terme *borné* non pas pour exprimer votre entêtement, mais pour souligner le fait que votre regard est cerné par des BORNES qui vous ramènent dans des chemins d'expression étroite. Ces bornes émettent des signaux délimitant vos expressions, vos choix et, par conséquent, défavorisent les sentiments en résonance avec les émanations issues du thymus.

Ici, il est bon de comprendre que le sentiment peut venir, dans sa forme limitée, du cœur, ou, dans sa forme supérieure, du thymus. Comment est-ce possible ? Le sentiment est en soi une chimie. Dans sa forme basse, ou limitée, sa fréquence et sa structure géométrique résonnent dans le cœur physique. Toutefois, dans sa forme supérieure, sa fréquence active le thymus, qui prend dès lors le relais. La chimie et la fréquence du thymus utilisent les circuits élevés du corps. Elles visitent les deux glandes pinéale et pituitaire, et l'hypothalamus. Ce dernier répond en éveillant le triangle sacré d'énergie et en ouvrant des portes visant à accueillir un rayon lumineux à chimie subtile et à haute vibration qui viendra nourrir vos atomes. Un circuit se met en place ; vos atomes émettent alors une fréquence de plus en plus élevée et le thymus réagit de même. À ce moment-là, vos glandes et l'hypothalamus appellent la lumière issue du Cœur du Sans-Nom et celle-ci descend avec force jusqu'à vos atomes, stimulés par cette présence !

Lorsque ce moteur est en place, le spectre lumineux entre en mutation afin de s'aligner sur la nouvelle chimie et la présence du Sans-Nom.

Si, dans la source lumineuse venant de l'extérieur, vous appelez en conscience une couleur spécifique, c'est sa fréquence et sa chimie qui répondent en réalité. Et vos atomes les absorbent.

La couleur qui se propage sur une structure géométrique coule en vous en se servant de vos géométries intérieures. Dans ces structures, la fréquence colorée joue sur leur identité, et j'arrive ainsi maintenant à l'identité véhiculée par le Cristal, à l'état liquide dans vos fluides.

Votre personnalité circule dans le sang, véhiculée par vos cristaux liquides.

Prenons la force d'intervention d'une couleur. Celle-ci voyage jusqu'à votre identité en articulant les structures des cristaux liquides. La personnalité est à révéler. En attendant, les géométries sont en état de perfectibilité, car la qualification du regard-sentiment-pensée n'est pas axée sur la vision supérieure, donc non encore investie du regard du Sans-Nom.

Ces géométries portent la perfection en elles, mais ne l'expriment pas encore entièrement. Vos cristaux liquides détiennent le schéma parfait de l'identité céleste à mettre en mouvement. Le moteur du regard-sentiment-pensée a charge de faire sortir le rayonnement de l'identité parfaite.

Aussi, lorsque je vous dis de ne pas accepter du sang d'une autre personne, je souligne le fait que les cristaux liquides contenus dans ce sang chercheront à s'insérer dans vos propres cristaux, ou ceux du récepteur. Et dans ce cas, vous serez dans l'obligation de vivre avec cette *présence étrangère,* soit des cristaux liquides accueillant une autre forme de personnalité. Pendant un temps, une perturbation sera ainsi provoquée entre deux personnalités, même si, en apparence, le sang semble ne plus être présent. Les cristaux liquides visiteurs occasionnent une déstructuration de vos structures géométriques. Si vous avez déjà vécu cela, je vous invite à appeler volontairement, et de manière soutenue, la lumière, le regard du Sans-Nom et à poser de l'amour sur cet événement. De la sorte, vous réduirez les désagréments et aurez moins de travail pour réinstaller en maître votre personnalité.

Revenons aux couleurs. Vous demandez à la couleur violette, par exemple, de transmuter vos énergies mal qualifiées. Que se passe-t-il alors en vous? En tout premier lieu, vous avez pris conscience d'abriter des énergies dysharmonieuses; par conséquent, vous sortez du moteur de victimisation, de la culpabilité, de l'autopunition et du jugement. Vous hissez votre regard des basses fréquences bio-électrochimiques. Vous ouvrez vos portes intérieures et desserrez ces étaux limitant vos réactions. La couleur violette peut ainsi glisser sur vos formes géométriques puis déloger, grâce à votre demande consciente, les cristallisations dues au regard-sentiment-pensée et repolariser vos fréquences d'énergie-lumière.

Doucement, je vous amène à la connaissance de l'énergie-lumière, c'est-à-dire de l'émanation de la bio-électrochimie se propageant sur une bande colorée.

Nous arrivons à la synthèse de la couleur liée à l'électricité du corps. J'ai décortiqué une réalité simple : les couleurs changent selon la fréquence plus ou moins élevée de l'électricité dégagée de vos atomes.

La vie atomique est de la réalité énergétique issue des noyaux atomiques engendrant une source X d'électricité.

Toutes les énergies sont de nature électrique. Voici maintenant démystifiées l'énergie, la lumière, la fréquence ou la vibration.

Certes, j'ai employé un langage scientifique pour vous parler de la réalité spiricielle. Mais, au moins, vous comprendrez ces mots et engendrerez un regard-sentiment-pensée mieux polarisé.

Comme je ramène désormais les grands secrets à une approche simple et dévoilée, vous pouvez inscrire le regard-sentiment-pensée dans une seule chimie à haute vibration.

9

Le retour de la science de l'humain

La vie de la planète se décline sur plusieurs plans : intraterrestre, terrestre et extra-terrestre. Maintenant, vous le savez. Dans les manuels d'enseignement *SORIA,* nous avons abordé ces niveaux d'expression.

Aujourd'hui, dans ce présent volet, nous visitons un autre palier.

Avez-vous remarqué que nous avons glissé une identité dans chaque tome ? Et elle est fort typée dans ce volume.

De rencontre en rencontre, nous essayons de développer une vision unique tout en séquençant celle de la vie multiple de l'expression. Graduellement, nous abordons toutes les formes de vie entourant les maîtres descendus dans la densité et, surtout, ceux qui s'amusent à oublier qui ils sont. Oui, il est bien question de vous, ces maîtres inconnus ! Quel gag cosmique ! C'est la plus grande farce jamais enregistrée. Pourtant, nous en avons connu des situations burlesques !

Mais non, je ne parlerai pas de vous ni de vos frasques cosmiques dans ce chapitre. En réalité, je vous amène revisiter une partie de la Vie divine, celle des esprits de la Nature, ces frères et sœurs œuvrant sans relâche au maintien de l'harmonie et des schémas de Vie. Des êtres qui grandissent eux aussi.

Les esprits de la Nature se divisent en quatre grands groupes : les esprits de l'Air, du Feu, de la Terre et de l'Eau.

Chaque groupe s'active dans sa juridiction sans interférer avec une autre, tout en étant prêt à aider.

Les esprits de la Nature sont des *créations spontanées*. (Nous reviendrons sur ces créations spontanées ou programmées.)

Ils évoluent au sein de leur famille d'appartenance. Comme vous, ils se perfectionnent. Dans ce but, les nouveau-nés reçoivent un schéma d'énergie simple à maintenir dans la perfection de sa beauté. L'esprit devra démontrer sa maîtrise à restituer l'énergie selon sa forme idéale, et ce, le plus longtemps possible. Cette démonstration faite, il recevra un schéma juste un peu plus complexe et, d'étape en étape, il deviendra un esprit dirigeant une famille dans sa branche, soit un *déva*.

Non, un déva ne naît pas tel ! Il y parvient à la suite d'efforts constants. Cela ressemble bien à votre parcours, où vous commencez petit à petit dans l'expérience, pour atteindre en définitive le sommet de la compréhension de l'expérience.

Les esprits de la Nature ne se posent pas de questions existentielles. Là réside une grande différence entre eux et vous. Ils connaissent parfaitement leur rôle, leur identité, leur pouvoir et leur devenir. Ils trouvent la joie dans leur Service à la Vie.

Ces êtres œuvrent directement avec les énergies des trois mondes (intraterrestre, terrestre et extra-terrestre). Toute création nécessite d'être nourrie sur ces trois plans de Vie.

Le niveau intraterrestre apporte la force vive de l'élément Terre et du Feu solaire interne. Le terrestre donne la force vive des éléments Eau et Air. Quant au plan extra-terrestre, il se nourrit des forces vives solaires du système de référence, de l'Éther et des informations contenues dans cette matrice. Un schéma de Vie nécessite une chimie sciemment dosée afin de coller parfaitement à la volonté créatrice inhérente.

Ces esprits ont donc accès aux trois plans, aux quatre Éléments et à toutes les informations cosmiques. Ils répondent à la volonté de leur guide, le Déva.

Oui, un déva est avant tout le guide d'une sous-famille de famille d'esprits. Cet assemblage de mots ne vous plaît guère, je ne rentre pas dans le cadre restreint de votre moule langagier, mais vous commencez à vous y faire, n'est-ce pas ? Sinon, je ne serais plus la Soria qui vous défie constamment, même au sein de votre expression. Bien sûr, je pourrais visiter une forme vocable académique, mais les hommes et les femmes simples poseraient ce livre, et comme je me rapproche d'eux, leur langue devient la mienne !

Aujourd'hui, des êtres bien installés dans l'étude de leur soi lisent ce genre d'ouvrage et, bientôt, une strate plus populaire s'arrachera ces documents. Aussi, j'intègre déjà ces personnes par ma façon de m'exprimer.

Revenons aux esprits de la Nature, si souriants et bienveillants envers vous. Attardons-nous quelque peu sur la vie d'un déva.

Cet être devra franchir ses 256 étapes de reconnaissance avant de maîtriser les interréactions des flux dont il est dépositaire pour maintenir toute forme d'énergie donnant vie à un sujet (plante, animal, etc.).

Il sera couronné et, son nom, inscrit dans le grand Livre de Vie de la Nature. Puis il entrera dans une période où un pan de la Vie cosmique s'ouvrira, de manière à s'intégrer dans la cellule des Maîtres généticiens. Non, il n'en deviendra pas un lui-même, mais il sera à leur service.

Tout nouveau germe de Vie passe par l'autorité des dévas. Le germe s'expérimente degré par degré, et le déva reçoit une bulle d'esprits de la Nature nouvellement née.

Ainsi, un nouveau sujet apparaîtra dans le monde de la densité, s'ajoutant aux autres. Le déva devra également prendre sous sa responsabilité l'aptitude de ces enfants. Il n'est pas Père/Mère Créateur, mais le devient en accueillant ces esprits. Il s'inscrit dans les Pères/Mères de deuxième génération.

Le programme reçu ne s'arrête pas à la forme, à la qualité des énergies, ni au rôle envers le lieu récepteur.

Les germes auront des répercussions dans les trois mondes et contribueront à élargir le premier Cercle atomique de Vie. Et voilà, je vous ai ouvert un secteur encore tout fermé à votre esprit.

Prenons une rose, cette fleur qui a la préférence de votre humanité. Pour la vie du rosier, toute une famille d'esprits de la Nature s'active et accueille la volonté d'un déva.

La rose plante ses racines dans la terre et se nourrit de l'eau, de l'air et du feu. C'est là ce que tout individu de votre famille pourrait dire. Certains ajouteraient qu'elle est le symbole de l'amour. Certes, cela est juste, mais la rose est bien plus encore ! Son rôle subtil consiste à favoriser l'échange de toutes les énergies du centre *cardio* (chakra du cœur) de tous les êtres vivants, depuis la densité jusqu'aux mondes subtils.

Lorsqu'un déséquilibre s'installe sur un plan, le *Déva de la Rose* envoie des impulsions afin de produire une éclosion de roses à grande échelle ! Il se réjouit d'ailleurs de vous voir plus nombreux à planter des rosiers dans votre jardin. Toutefois, il en déplore l'absence dans les prairies et près des bois. Vous avez largement contribué à cette disparition, déséquilibrant l'échange sur la planète entière. Il serait bon de revoir fleurir ces belles entités intelligentes en dehors de lieux définis. Avez-vous songé au fait que vous confinez toutes les formes de Vie ? Y compris la vôtre !

La chimie subtile de la rose circule dans les couches d'air, aussi bien celles de la Terre qu'autour ou dans l'éther lointain. Cette chimie véhicule des énergies fines pouvant réactiver l'ouverture d'un cœur (son chakra). Celles-ci s'infiltrent dans le réseau de la chaîne de ce chakra, glissent dans les molécules de l'air et parviennent au cœur de la plus petite parcelle de vos atomes. L'énergie de la rose demeure la nourriture la plus subtile nécessaire à l'apport de la chimie de l'Amour dont a besoin une bibliothèque intérieure.

L'Éther est une matrice vivante animée par des atomes. La chimie de la rose le sécrète depuis les plans les plus denses jusqu'à la matrice éthérée, et réagence sa structure si celle-ci a été dénaturée par des pensées mal aspectées.

La chimie de la rose traverse le monde de l'illusion (la densité), le monde de l'approche, premier plan de vie juste au-dessus, puis le plan de préconscience (deuxième plan), celui de la conscience (troisième), le plan de rayonnement, premier plan de l'Être, le plan de l'Amour cosmique, le plan atomique, le plan électronique et, enfin, le plan cristallin.

Sa chimie se modifie à chaque traversée, par les rencontres d'énergies des divers plans de conscience. Une fois dans le monde cristallin, la chimie de la rose ressemble à de fines particules de cristaux rosés

Le Déva de la Rose en poste sur le plan de l'illusion recevra depuis les plans cristallins des sonorités spécifiques qu'il dirigera vers ses sujets, lesquels les capteront et les renverront autour d'eux.

Vous recevez donc, par le biais des roses, des sonorités cristallines provenant des hauts plans cosmiques, et ce, par la volonté du Déva de la Rose! Les esprits reliés aux schémas de Vie de la Nature prennent toutes les énergies émanant de la rose, les étirent, les enroulent autour de supports, puis les remettent aux esprits de l'Air. Ainsi, l'Air entre en fonction afin de transmettre ces rubans cristallins arc-en-ciel jusqu'à l'âme en besoin. Et, au passage, ceux-ci se remplissent d'énergie solaire.

Le Déva de la Rose assiste régulièrement aux séances d'échanges des Maîtres généticiens. Tous les réajustements de la vie de l'illusion lui sont donnés par leur volonté.

Par l'exemple du Déva de la Rose, je tenais à vous expliquer davantage la vie du monde de la Nature.

Allons plus loin encore. Les dévas jouent un grand rôle de régulation. Ce sont eux qui avertissent les gérants des systèmes des troubles terrestres marqués et de la diminution d'une espèce. En outre, ils émettent des rayons lumineux afin de maintenir une toile de lumière diffusant des énergies spécifiques pour nourrir un plan dans la troisième ou quatrième dimension, ou plus.

L'interférence du monde humain sur la gestion dévique provoque des fissures dans la matrice du temps et de l'espace. Si un groupe humain pleinement conscient du monde dévique et de la famille féerique agit en vue de détourner leurs fonctions, on assistera à une régression de la santé holistique, à des déviations psychiques et à un recul de la beauté, de la joie et de la communication entre les familles.

Les dévas ont donc un pouvoir harmonisateur sur le monde créatif de la pensée.

Prenons l'exemple de cette planète à caractère exceptionnel sur tous les points.

Un groupe humain a décidé, depuis plusieurs siècles, d'installer une forme de despotisme subtil à conséquence physique. Ce groupe a d'abord agi en effaçant la mémoire du partenariat fructueux entre les dévas, la famille féerique et les humains. Une à une, les portes de communication furent fermées en détournant chaque rassemblement fêtant ce partenariat. Cela engendra une impossibilité temporaire d'échanges entre les familles.

Les dévas signalèrent ce fait tragique en haut lieu universel, et les Sages leur demandèrent de laisser aller pour un temps.

Dès lors, votre descente de dimension eut lieu, entraînant des changements vibratoires, climatiques et géophysiques. Progressivement, la conscience humaine se vida du partenariat fructueux avec ces peuples, et ce, jusqu'à en faire des *« histoires de bonne femme »*. Étrange expression! En l'utilisant, celle-ci a une connotation péjorative. Or, en y regardant de plus près, on entend *histoire*, soit un énoncé de faits, *bonne*, soit aimante, juste, ou favorisant le bien, et *femme*, soit une histoire contée par la femme ou l'énergie féminine! D'ailleurs, depuis la régression de l'esprit, vous avez assisté à une attaque virulente, sous les formes les plus monstrueuses souvent, contre la féminité, ce qui explique vos *chasses aux sorcières*. Et dans ce matraquage de la liberté, les *plantes médecines* furent rangées dans le lot. Étrange, non ? À vous d'y réfléchir !

Dernièrement, les Sages envoyèrent aux dévas l'ordre d'impulser des énergies en vue de reconnecter à leur monde les esprits sensibles. Au siècle dernier, des hommes et des femmes courageux tentèrent de se démarquer en acceptant ce contact. Ainsi, et progressivement, cette brèche faite dans l'opacité de la mainmise sur la liberté d'expression permit aux dévas et au monde féerique de se rapprocher de vous. À ce jour, ils effectuent en effet un grand travail de rapprochement, vous alertant des dangers actuels ayant trait à la nature.

Le monde dévique et de la famille féerique s'imbrique dans le vôtre. Il est perméable aux influences, bonnes et mauvaises. Ce monde évolue dans le vôtre ; l'air que vous respirez, il le respire ! Votre lourdeur de manifestation se dépose sur lui !

Tout cela est bien connu d'une poignée d'êtres avides de pouvoir et qui tentent de vous construire, pierre après pierre, une prison nullement dorée ! En polluant le monde de la Nature, ils vous obligent à ingérer cette pollution savamment orchestrée en vue de vous priver de votre pouvoir de santé, de pensée, d'action et d'élévation.

La pollution de la nature vous *plombe* dans les dimensions basses, vous précipite dans l'état primitif. Cet état ne peut être visité par les fraternités universelles répondant aux Lois d'Amour et ne peut intégrer l'état conscient de l'Amour élevé libérateur.

Le monde dévique et de la famille féerique regagne donc du terrain sur l'obscurantisme. Des hommes et des femmes appellent la libération, et cela favorise ce retour d'échanges, de communications entre eux et vous. Voilà pourquoi vous vous tournez de nouveau vers le pouvoir des plantes, des minéraux et des animaux.

Nous avons frémi depuis le siècle dernier, car la percée de conscience n'était pas suffisante. Mais depuis peu nous commençons à nous détendre, car le nombre d'hommes et de femmes qui se réveillent ne cesse d'augmenter. Certes, quelques-uns d'entre vous en parlent plus ouvertement; toutefois, dans le silence, un groupe important s'est relié au monde dévique et de la famille féerique.

Les mouvements géophysiques devenant plus soutenus, et ce, jusqu'à la transformation finale touchant tous les pays, vous constaterez un besoin grandissant d'en parler entre vous et de rechercher les véritables fêtes honorant les rythmes de la Nature Mère.

Actuellement, nous assistons à un retour aimant, mais encore maladroit, à la nature et à ses familles. Le plus important, malgré tout, demeure cette volonté de recommuniquer entre tous.

Par ce réveil, nous souhaitons voir des êtres qui, jusque-là, désiraient une prise en charge complète effectuer cette fois un revirement d'intention et revenir à leur autonomie et à leur responsabilité. Car, n'en doutez pas, c'est bien au cœur de l'autonomie et de la responsabilité consciente des mondes et des familles universelles que vous êtes tous attendus.

Quitter la troisième dimension et entrer dans la quatrième pour arriver dans la cinquième ou même la sixième vous oblige à réinvestir vos pouvoirs intérieurs, donc personnels. Ici, il n'y a pas de prise en charge de quelque ordre que ce soit! Il vous faut redécouvrir vos mécanismes d'identité et, là, le monde dévique et de la famille féerique vous sera d'un grand secours si vous l'écoutez attentivement!

En vous reconnectant à lui, vous vous reliez à votre propre plan dévique et féerique.

Oui, j'aborde ici une grande vérité : dans l'ascension vers les autres plans d'expression, il vous est nécessaire de revisiter votre expression magique.

« Oh, Soria, que me dis-tu là? J'ai de la magie en moi! »

Enfant de cette terre, grand maître enseignant, c'est bien depuis ton cœur magique que tu as pu descendre dans ton vêtement étroit et lourd, puis le faire fonctionner! Les dévas, les fées sont là pour te rappeler la force de tes pouvoirs sur la forme. Souviens-toi : depuis la pensée, tu crées des moules de Vie. Il s'agit donc bien de magie, purement et simplement.

En réalité, dans ce premier Cercle atomique de Vie, vous, enfants universels, expérimentez un seul mode de communication de la magie. De manière à en limiter les conséquences, nous avons apposé un verrou dont la clé répond à la fréquence de l'Amour. Dans le deuxième Cercle atomique, vous visiterez un autre mode de magie, mais c'est encore un secret !

En vous éloignant de la vie des dévas et des fées, les êtres manipulateurs espéraient éradiquer toute pensée sur les pouvoirs personnels. Il fut une période où ils pouvaient effectivement penser s'élever jusqu'à cette réussite totale. Les Sages des Univers les laissèrent faire durant un temps, rien qu'un temps, afin d'imprimer de manière forte et définitive la puissance de votre identité.

Aujourd'hui, le monde dévique et de la famille féerique a ordre de s'activer et de vous montrer le chemin du retour vers votre centre supérieur de pouvoir, celui du cœur et de l'action coordonnée.

Ne vous y trompez pas ! Il y a forcément réaction, car les êtres avides tentent malgré tout d'imposer leur vision, leur mode de pensée, qui vise à faire de vous des robots obéissants.

Allez, souriez ! Vous abordez votre retour à la magie, la vôtre !

Dans cette décennie, attendez-vous à recevoir des « Grimoires de la Connaissance » transmis par le Peuple de la Nature. Ainsi, tous les secrets perdus seront-ils retrouvés et même bien plus. Les dévas de la Nature sont prêts à accueillir 1 530 520 espèces nouvelles à implanter sur votre Terre, dans cinq *jardins* différents. Vous parlez de continents, mais les dévas, eux, les qualifient de *jardins*. Vous habitez donc un jardin, non un continent !

Naître dans un lieu vous permet de recevoir des stimuli particuliers du monde naturel et d'améliorer vos racines universelles.

Bon, j'ouvre ici un sujet fort intéressant. Effectivement, votre âme-esprit se construit. Autrement dit, elle se fortifie et atteint la maîtrise en explorant les jardins universels, lesquels émettent chacun une sonorité spécifique qui induit des germinations dans votre bulle racinale. En effet, celle-ci reçoit des informations à chaque naissance sur une planète. Il vous faut donc bien un corps approprié à chaque densification d'un monde afin de pouvoir vous servir temporairement de votre bibliothèque racinale. Cette dernière, fort peu connue, est en réalité tenue secrète. Certaines confréries travaillent uniquement avec la connaissance contenue dans vos racines dites terrestres.

Sous la plante de vos pieds se cache donc l'une des plus grandes bibliothèques universelles. Le savoir déposé en elle ne peut se lire que dans l'espace-temps d'une incarnation, puisque s'y accumulent les sonorités, les couleurs et les *savoirs* de tous les jardins universels que vous avez visités.

Par votre bulle racinale, cette bibliothèque parle en définitive de toutes les expressions magiques développées par les dévas et le monde féerique. Ne trouvez-vous pas étrange que les esprits de la Nature soient décrits comme des êtres de connaissance ? Certains gnomes sont représentés avec un livre à la main, des fées tiennent une baguette magique, et les sirènes ont le pouvoir de vous envoûter. Histoires de bonne femme, ou vérité scellée ? Réfléchissez ! Je vous invite, quant à moi, à vous poser les bonnes questions et à vous remettre en cause…

Chaque famille d'esprits de la Nature a le pouvoir de vous guider vers un accès de votre bibliothèque racinale. Et dans ce but, toutes font appel à une espèce animale. Là aussi, observez bien le comportement des animaux. Par leur silence et leurs attitudes, ils vous conduiront aux esprits de la Nature. Chaque famille animale y est associée ; une famille végétale œuvre avec une famille animale. Voilà pourquoi je vous ai annoncé que les *animaux totems* revenaient s'installer dans votre esprit.

Bientôt, votre *carte* d'identité ne comportera plus seulement votre nom de naissance, car à celui-ci s'ajoutera la généalogie de votre association terrestre. En ne prenant en compte que le nom de famille et le prénom d'un individu, on coupe tout accès à la bibliothèque racinale. Doucement, nous impulserons des énergies de manière à y réintégrer l'esprit de la Nature qui vous accompagne, tout comme l'animal.

Votre identité comporte une chaîne constituée de chaque élément. Votre parcours dans un jardin s'appuie en somme sur la force totémique d'un arbre ou d'une herbe, d'un animal et, enfin, de l'élément humain. Dans l'immédiat, vous n'êtes pas complets, et ce manque favorise l'éloignement de votre union avec les divers plans universels.

Une carte d'identité universelle consciente se décline, par exemple, de la façon suivante : améthyste — fleur de violette — fauvette — Ichnalia — Soria — Fleur de Soleil — aigle blanc — Cœur de Soleil.

Vous le voyez, les trois personnalités sont intégrées, soit le plan terreste, celui de l'Être, et le plan universel. C'est une autre déclinaison de la loi du autour-sur-dedans.

Cette loi est vraiment partout, me direz-vous ! Cela est bien vrai.

En attendant de pouvoir décliner votre identité complète, il vous reste tout simplement à vous connecter au plan dévique et féerique pour entrer dans votre plus grande bibliothèque de connaissances : votre bulle racinale.

Et je vous le dis : il n'y aura pas d'ascension sans d'abord intégrer vos racines terrestres avant celles de l'univers.

Voilà pourquoi les grands initiés ont toujours parlé d'une chute en commentant l'ascension.

Atteindre l'état d'humain, c'est unir les états minéral, végétal et animal à la conscience planétaire d'abord avant d'introduire la conscience universelle.

Nous assistons bien au retour de l'Humain !

10

Les créations conjointes

Tout naturellement, avec ce titre, j'aborde un chapitre important : les créations conjointes.

Je vais tenter de vous en instruire le plus simplement possible, bien que le sujet soit complexe pour des esprits en quête d'ouverture.

J'ai divisé, ou séquencé, ce qui ne l'est pas de votre point de vue, le monde de la création restant compliqué du point de vue terrestre.

Si vous le voulez bien, je m'engage dans ce développement en partant de notre zone neutre, le premier espace de Vie élevée délimitant le cœur du Cœur de la Vie et la première expansion de la vie multiple. D'ailleurs, pour passer du Un au Multiple, notre lieu de résidence est le passage nécessaire pour que l'Un commence à s'expanser.

Ainsi, du cœur du Cœur est née la première division où le Feu originel s'est manifesté sous quatre aspects. Nous sommes apparus de l'indivisible ; appelez-nous *Naissances primordiales* puisque, sans nous, la vie multiple serait impossible.

Celui qui Est et qui sera toujours a déposé une vision dans chacune de ces divisions du Feu premier.

Il a remis l'autorité, le pouvoir d'expansion, à quatre groupes d'Êtres (je ne reviendrai pas sur ce point). Je poursuivrai à partir de notre groupe, avec mes sept sœurs. Elles et moi avons reçu un huitième de la force du Feu premier divisé qui reste ainsi entier par nos huit présences.

Chacune de mes sœurs a engendré des lignées d'êtres qui reçurent cette vision fragmentée de l'aspect du Feu dont elles sont responsables.

Quant à moi, j'ai engendré toutes les lignées solaires connues : je suis le Père/Mère originel de la Vie solaire.

Ces huit lignées sont des *créations de première génération* à l'intérieur du monde dit fini, mais de deuxième génération depuis le Cœur de Vie. Chaque lignée issue de nous-mêmes a créé à son tour des lignées d'êtres qui sont donc de deuxième génération en partant de nous, mais de la troisième en partant du Cœur de Vie. Il est important de toujours intégrer les phases de création du monde fini à ce qui est Un.

Laissez-moi maintenant vous emmener dans les créations conjointes.

Mes sœurs et moi-même sommes le Père/Mère originel de première génération, le Sans-Nom étant l'origine de toute vie, le Père/Mère de tous les Pères/Mères.

Afin de donner naissance aux phases de réalisation que le Sans-Nom souhaite, je me suis jointe à l'une de mes sœurs pour créer des esprits ayant charge de surveiller l'harmonie vitale de l'Éther. Avec une autre sœur, j'ai engendré des Sages pour les postes dans les Soleils juridictionnels d'un Super-Univers et, enfin, je me suis unie au Maître Cristal du Super-Univers pour donner vie aux esprits de la Nature.

Je suis donc Père/Mère originel des lignées d'esprits solaires responsables et Père/Mère originel *conjoint* des esprits surveillant l'Éther, des Sages et des esprits de la Nature.

Il en est de même pour chacune de mes sœurs, dans leur lignée respective. Comme nous portons l'expansion et la différenciation dans notre Être, nous ne pouvions créer la vie uniquement dans une voie directe. Ce choix est seulement possible dans un groupe relevant des trois autres Forces primordiales.

Les créations conjointes évoluent dans le monde fini de secteurs d'activité bien précis. Ces apparentes divisions permettent en réalité d'unir deux visions d'un aspect que nous portons et d'enrichir les potentiels de Vie. Cela a surtout de l'intérêt à partir des générations suivantes.

Ma lignée solaire est donc investie du huitième de la force déposée en moi.

Mes créations conjointes portent un quart de cette force et leurs enfants doivent explorer ce quota.

Toutefois, ne vous y trompez pas : nos enfants solaires sont forts de la pureté reçue à leur conception. Nos enfants d'union conjointe sont amenés à marier deux visions avant de s'expanser. Leurs créations seront dites programmées, car elles nécessitent une parfaite synchronisation des germes de Vie.

Mes enfants solaires entrent dans le cadre des créations tant spontanées que programmées.

Seuls les enfants issus de mon mariage avec le Maître Cristal sont entièrement de nature spontanée.

Oui, j'aime employer votre mot *mariage*. Il résonne bien dans les éthers et rejoint notre cœur dans une vibration rosée. En outre, il parle de la cristallinité du grand Maître de la Personnalité et du monde de la Nature. En réalité, il s'agit ici de la fusion d'énergies générant un rayon conjoint duquel émerge une multitude d'esprits, et nous prenons plaisir à cette naissance plurielle.

Ajoutons que le Maître Cristal n'émet ce type de rayon de Vie qu'avec nous, mais qu'il œuvre avec les quatre Forces primordiales. Les trois autres groupes reçoivent des germes de personnalité.

Avez-vous remarqué que, de livre en livre, nous vous expliquons la vie des Créateurs et des Forces primordiales ? Osez-vous vous interroger ? Remettez-vous en question les schémas acquis par le passé ? Allez-vous puiser à même la résonance dans vos cellules ? Établissez-vous le parallèle entre notre vie et celle de votre corps communautaire ?

Doucement et à un rythme régulier, nous venons stimuler votre organe de pensée et votre moteur d'évolution : le regard-sentiment-pensée. En vérité, mon enseignement vise uniquement ces deux pôles, et comme ils se réactivent sporadiquement, nous devons choisir minutieusement les thèmes à aborder. La trame employée dans l'élaboration d'un chapitre vous semble peut-être fantaisiste. Oui, je me sers d'une donnée pour vous mener à une autre ; en ouvrant la curiosité, je vous pousse à la réflexion. Lorsque je n'enregistre pas assez de progression, je vous questionne. Cette méthode entre dans l'une des approches des créations conjointes.

Les enfants de la Nature, issus d'une union conjointe, répondent donc à deux forces (solaire et cristalline), ces deux résonances démultipliant le champ d'action. Ainsi, ces enfants peuvent se déployer en utilisant ces deux forces à volonté. Généralement, ils ont recours à la force solaire quand ils sont appelés à une action spécifique, parfois urgente, telle la réhabilitation d'un lieu, d'un être. La force cristalline leur sert à diffuser leur rayonnement. Ils communiquent ainsi avec vous en faisant appel à la force cristalline, et régénèrent un espace ou une partie de la personnalité humaine depuis la force solaire. Ces êtres magnifiques de simplicité, d'amour et de service ont une double polarité. C'est là un détail très important, puisque la double polarité solaire/cristalline représente 40 % de la base de la Vie universelle et des créations. Nous trouvons également 20 % de créations issues de la double polarité solaire/atomique et 20 % encore pour la magnétique/solaire. À cela, ajoutez 10 % de créations solaires et vous aurez un panorama déjà conséquent sur la vie de la création dans les mondes finis.

Au cœur du Cœur de la Vie, il n'y a que des créations de Feu.

Étant donné que l'Éther, ou matrice universelle, garde toutes les mémoires de la Vie universelle, votre corps communautaire, votre organe de pensée, votre moteur d'évolution regard-sentiment-pensée sont connectés par la résonance à ces divers aspects de création. Forcément, vos créations visitent la matrice éthérée et reçoivent les impulsions correspondantes.

Vous êtes issus d'une Première naissance solaire accueillant la personnalité fournie par le Maître Cristal. Vous voyagez ensuite dans la densité (vie planétaire) par le biais d'un moule construit par les Maîtres généticiens, eux-mêmes nés de différentes influences. Au moment où votre esprit investit un véhicule, vous recevez d'abord les influences déposées dans la mémoire de la chair du corps puis, en second lieu, les origines conjointes des créateurs de ce corps. Votre esprit a reçu, pour la vie dans cet univers, une âme à tendance évolutive qui porte les stigmates des existences passées.

Cela étant, votre venue sur terre correspond à une création conjointe de trois niveaux :
- la Force primordiale solaire avec le Maître de la Personnalité ;
- une force généticienne à double polarité, avec une influence directe par un dépôt volontaire de ces Maîtres généticiens et une influence indirecte par la présence réduite de leur propre personnalité ;
- l'histoire de l'âme.

Tout naturellement, nous retrouvons la loi de la chaîne de résonance, autre loi très importante reliant chaque être aux autres, même s'il réside dans un secteur très éloigné.

Votre corps physique intégrera, ou se débattra, avec le niveau deux, l'âme avec le niveau trois et votre esprit, avec le niveau un. Contrairement à vos croyances, le corps-âme-esprit devrait, dans l'ordre, s'écrire esprit-corps-âme, car la première volonté divine était la création de l'esprit-corps, mais, d'aventure en aventure, vous y avez adjoint l'âme.

En vérité, dans ce module, nous relevons bien une création conjointe de l'esprit divin et de l'esprit enfant incarné utilisant le moule d'expression au service de l'évolution. Il s'agit bien de l'esprit immatériel uni à l'esprit matériel, ce qui a permis l'émergence d'un corps semi-matière/immatière (l'âme). Donc, nous enregistrons ici le mariage (bien involontaire dans un premier temps de notre part) de la matière et de ce que vous nommez antimatière. Le corps de l'âme utilise ces deux pôles et peut se matérialiser dans votre monde comme dans le nôtre. Les initiés connaissent la clé pour parvenir à cette apparition.

Dans la vie de l'esprit-corps-âme en incarnation, la présence conjointe des enfants ou esprits de la Nature est nécessaire pour employer un quota de matière Terre, Eau, Feu, Air afin de réaliser des créations temporaires *dans* et *sur* le monde terrestre. Cela est juste au sein de la Vie universelle, mais les choses se compliquent au moment où vous rendez votre corps physique et repartez avec votre esprit-âme en laissant derrière vous de nombreuses œuvres inachevées, viables et en cours d'émergence. Vous êtes des créateurs conjoints et vos partenaires restent avec le programme en cours. Ils deviennent les gardiens d'une mémoire créative et attendent patiemment votre retour, qui ne manquera pas. Et pour cause, car, avant d'être reconnus, vous ferez le tour des éthers et des mondes denses afin de vider ces matrices des empreintes antérieures encore actives et susceptibles de vous rappeler en arrière. Généralement à la dernière naissance dans la densité, avant de sortir de la roue de l'incarnation, les esprits de la Nature concernés sont envoyés vers votre lieu de résidence pour défaire les liens qui vous unissent à des énergies-créations de type inférieur, de manière à les délivrer de votre présence. Ainsi, à l'expiration de cette dernière vie, vous serez prêts à devenir des créateurs maîtres d'eux-mêmes.

Cela ne vous empêchera pas d'aborder une fois de plus le domaine des créations conjointes. Toutefois, conscients de vos actes, vous n'entraînerez pas derrière vous des êtres de la Nature au service de toute forme de Vie.

En ce moment, vous commencez à réintégrer la notion de responsabilité dans vos émissions, et nous en sommes heureux. Cependant, nous souhaitons vous voir reprendre en main la totalité de vos créations, et il est toujours bon de revoir le partenariat avec les êtres de la Nature afin de les libérer complètement à chaque fin de votre roue d'incarnation. Cela favorisera une rédemption exemplaire de vos actes passés. Il est aberrant de vous voir imaginer qu'en déposant votre enveloppe physique, vous quittez des énergies engagées qui n'ont pas abouti.

Aussi, j'entrouvre le sujet d'enseignement suivant. Quand un esprit-âme s'incarne, il vient avec une valise chargée d'une mémoire double constituée de sa vie d'esprit et de sa vie d'âme. Le corps physique recevra l'empreinte de cette mémoire. L'esprit-âme se doit de délier les nœuds d'énergie relatifs au passé et de construire une nouvelle trame. Dans ce but, un sujet de réflexion, un programme, sera soumis, à partir duquel l'esprit-âme s'engagera dans une nouvelle période au sein de la densité. Tout au long de son existence, il sera confronté à son contrat; tantôt il abordera l'histoire du passé, tantôt il déchiffrera le « message de la Vie ». Entre ces deux tendances, l'esprit-âme détient un large pouvoir de décision sur l'instant présent. Au fur et à mesure que se déroule le fil de son incarnation, il démêle, déchiffre et investit un énorme quota d'énergie. La matrice de Vie enregistre toutes ses tentatives d'élévation, comme tout ce qui le propulse plus bas dans la matière. L'esprit-âme étant un créateur, il ne peut avancer sans actionner ce moteur. Dans chaque immersion des esprits-âmes, nous constatons d'ailleurs le même comportement : celui d'engendrer des étincelles de pensée à tout instant sans les maîtriser, ce qui donne une multitude de germes de Vie en potentiel. Ceci fait partie de l'aventure préhumaine, me direz-vous, et vous avez en partie raison. Néanmoins, la Vie universelle demande à tout esprit-âme de clôturer consciemment sa trajectoire incarnée momentanément de manière à vider la mémoire éthérique, ce qui n'est jamais réalisé dans sa totalité. Et le jour où l'esprit-âme dépose son corps physique, il doit rendre compte de ses efforts pour dénouer les énergies passées, voir l'intégration du sujet d'étude et regarder la trame dégagée. Le constat reste souvent difficile, car s'il y a des résultats sur ces deux points d'effort, il n'en demeure pas moins que l'esprit-âme laisse derrière lui une somme importante de germes de Vie en cours d'élaboration, engageant ainsi d'autres êtres à le rencontrer, à le servir, dans ses futures incarnations. Ainsi, ses créations deviennent forcément conjointes. Par conséquent, la mémoire éthérique enregistre les futurs rendez-vous.

Dans l'idéal, l'esprit-âme parvenu à la fin de sa vie rappelle tous les germes implantés dans les éthers et réintègre cette somme d'énergie en sachant qu'il aura à répondre de ses créations. Mais cet acte libérera les esprits de la Nature d'un contact futur en principe peu harmonieux. Si l'esprit-âme effectue cette réintégration d'énergie, il entre dans le groupe des esprits conscients et, donc, en phase de maîtrise. Dans sa prochaine incarnation, tout en devant honorer ses créations, il connaîtra une incarnation où l'Esprit de Vie pourra le visiter et où il y aura partage d'une autre manière. Cet esprit-âme devient alors partenaire de la Vie et reçoit des impulsions d'énergie-lumière afin de refaçonner le lieu d'accueil ou d'entrer au service d'une famille universelle en poste.

En vérité, soit vous restez sous le joug de vos créations conjointes, et en êtes les victimes, soit vous vous positionnez en vue de les maîtriser. Encore une fois, votre choix engage votre futur, vos incarnations à venir. Dans le cas où, en cours de vie, un esprit-âme ne possède plus ses facultés de penser, seule sera retenue la partie de vie consciente, le reste étant considéré comme l'épuisement du quota d'énergie vitale. Généralement, dans un tel cas, les esprits de la Nature sont dégagés de toute responsabilité, sauf si l'un d'eux s'amuse avec le corps mental déficient.

Abordons maintenant les *créations conjointes dites de deuxième génération*.

En partant d'une création de première génération, issue directement d'un Être, celle-ci voyage dans l'éther et rencontre des énergies similaires, et la pensée initiale engendrera alors de nouveaux germes. Ces derniers peuvent se décliner sur une onde totalement différente de la pensée première et entraîner des réactions qui vous sembleraient à l'opposé même de la vision de l'Être. Ainsi naissent des actions d'autres entités, mais toujours sous la responsabilité du créateur initial.

Voilà pourquoi on vous dit toujours que les créateurs répondent de tous les mouvements de leurs créations et qu'ils sont dégagés de toute responsabilité uniquement au moment de l'entrée de celles-ci dans la maîtrise, lorsqu'elles sortent de la roue d'incarnation, première étape de l'ascension dans la vision céleste.

Je vais tenter ici de vous dresser une approche des créations conjointes :

Esprit : message de la Vie
Âme : histoire du passé
L'esprit et l'âme donnent la trajectoire de l'incarnation.

Incarnation : chaque pensée engendre des germes de Vie à développer, à déchiffrer, lesquels appellent le concours des esprits de la Nature.

Première création conjointe : union de la mémoire esprit-âme.
Deuxième création conjointe
- *dite de première génération de la densité* : partenariat avec les êtres de la Nature, ce qui engendre la responsabilité entre les différents règnes.
- *dite de deuxième génération de la densité* : fusion entre plusieurs pensées émises par différents créateurs.

Création conjointe de la densité dite de déviation : réactions des esprits de la Nature (colère, rébellion, rejet) ; infliger, à ces esprits créant pour servir la Vie, des sentiments et des réactions propres aux préhumains détermine des responsabilités dont vous aurez à répondre.

Création conjointe de la densité dite de mal-gestion : tous les germes de pensée, donc de création, laissés en suspens lors du dépôt du corps physique et qui créent un parasitage sur la matrice mémorielle universelle, les esprits de la Nature et la vie future en occasionnant des déformations du monde mental.

Création conjointe de responsabilité : interférence avec l'harmonie de la Vie du monde dense (planète).

En réalité, toutes les créations conjointes sont rangées selon l'émergence de la pensée initiale soit du corps mental, du corps physique, du corps émotionnel, ou des tentatives d'intégration de la Vie universelle.

Voici pourquoi, lorsqu'une énergie vous revient, vous avez du mal à en identifier la cause et il vous faut souvent reconnaître ses diverses composantes avant d'en saisir l'histoire. Au cours de cette identification, naissent alors de nombreuses créations de deuxième génération, car, bien souvent, le corps mental s'active bien plus qu'il ne le faut et une pollution mentale en découle, déclenchant des réactions chimiques susceptibles de se révéler plus nocives que les créations elles-mêmes.

Ces mots susciteront bien naturellement des réactions chez vous ; cela est juste, et c'est ce que je souhaite !

Malgré tout, quant à votre responsabilité engagée à chaque instant de votre vie, je vous invite à demander l'installation de la paix au sein de votre regard-sentiment-pensée avant de vous lancer dans un dialogue intérieur. Que celui-ci soit entrepris avec maîtrise, cadrant chaque émission de pensée dans la reconnaissance de ces études, puis clôturant chaque piste de pensée en ne gardant que la synthèse de l'étude proposée.

En réalité, nous devons émettre une kyrielle de mots afin de vous permettre de saisir l'essence d'une pensée.

L'important est de reconnaître l'essence d'une pensée, et non son support.

Si vous vous arrêtez à la forme de ce support, seul le corps mental sera en mouvement, alors que nous tentons toujours d'offrir à tous les corps la substance nécessaire à l'intégration d'une nouvelle ouverture de conscience.

Par conséquent, en ce qui me concerne, je suis responsable des réactions produites tant que vous ne les maîtrisez pas.

Nous voici vraiment au cœur même de la loi de la création conjointe !

11

Le travail alchimique

J'aborde ici un sujet intéressant : le pouvoir de transformation dans le corps.

Votre vie intime vous réserve bien des surprises si, toutefois, vous acceptez de recevoir la compréhension de ce qui se passe en vous. Oui, j'admets vos difficultés à percevoir la trame de la Vie, et il est tellement plus aisé de remettre les rênes de votre pouvoir entre les mains d'autres personnes !

Nous rencontrons vos nébulosités, vos reniements et, surtout, votre indifférence à gérer ou non la merveilleuse machine humaine dont vous avez la responsabilité. Page après page, je vous guide vers la repolarisation du regard-sentiment-pensée, et cela demeure un exercice permanent de funambule.

Dans ce chapitre, je vous rends la vision du travail alchimique en vous. Je tente cette approche, mais je ne suis pas sûre que vous apprécierez la profondeur de votre vie intime. Pourtant, en ces heures de grands remaniements, vous voici confrontés à l'obligation de réviser les données de base de la vie d'un corps physique mû par un couple désormais divin : l'esprit-âme.

Aussi, les mots qui suivent se rapporteront-ils à la famille Améthyste et à son feu.

Bienvenue à l'école SORIA! Elle n'a pas de structure telle que vous l'entendez normalement, et les murs de votre salon ou de votre chambre conviennent parfaitement. Asseyons-nous ensemble dans la simplicité et le dénuement propres à l'œuvre alchimique.

La famille Améthyste départage sa fonction en distinguant ses forces depuis les énergies de l'Arc-en-ciel. Ses robes sont ceinturées de rouge, d'orangé, de jaune, de vert, de bleu, d'indigo ou de parme. En rencontrant un de ses membres, vous pouvez ainsi comprendre sa fonction. Ces êtres merveilleux servent la force de transformation, offerte à toute entité cherchant l'élévation. Voyons un peu l'effet du rayon améthyste, ou violet.

Afin que vous puissiez mieux assimiler cette étude, prenons l'exemple d'une personnalité en voyage ayant une énergie cristallisée sur la roue du chakra dit cardio (celui du cœur). Dans ce cas, un frère ou une sœur Améthyste se présentera et travaillera sur une partie de la personnalité.

La force de transformation, la flamme violette ou feu de crémation, s'enroulera uniquement autour de cette cristallisation générant une dénaturation de la radiance de l'Arc-en-ciel à tonalité verte. Les impulsions de la flamme violette se dirigeront en premier lieu vers le cristal du chakra cardio, qui ouvrira son être à la résonance de la fréquence de la couleur améthyste.

Le corps humain est constitué d'une énorme quantité de cristaux liquides, de cristaux dits fixes et de cristaux volatils.

— Les cristaux liquides ont la charge de véhiculer la personnalité dans les liquides sanguins, comme les formations géométriques issues des germes de pensées. L'organe de pensée interfère donc de manière positive ou négative sur la vie des cristaux liquides, qui œuvrent également à l'amplification des stimuli reçus. Ces cristaux reçoivent, véhiculent, amplifient et, en fin de parcours, ramènent au point d'impact sur le moule physique les particules cristallines encodées tout au long de ce cheminement inhérent au germe créatif.

Les cristaux liquides forment une toile géométrique complexe en mouvement permanent, à l'instar d'un kaléidoscope sans cesse articulé.

La flamme violette pénètre le fleuve des cristaux liquides en vue d'induire un changement et de restituer le schéma primordial d'harmonie et de radiance de ce que vous nommez santé et qui n'est en vérité que la beauté de la toile cristalline.

Le cristal liquide possède une bande mémorielle active. Au sein de la Vie universelle, nous distinguons deux types de bandes mémoires, car l'une est active et l'autre, passive. Cette dernière a pour but d'accumuler de l'information et de la tenir en réserve. Dans ce cas, il faut une volonté spécifique pour ouvrir cette mémoire et y puiser des informations dans une séquence de vie particulière. La mémoire akashique entre dans cette catégorie.

La mémoire active reste en mouvement permanent, structurant ou déstructurant un corps.

La mémoire cellulaire est dite passive et la mémoire cristalline est dite active.

Le fleuve cristallin change de visage par l'émission des chimies reliées à vos regards-sentiments-pensées, par votre volonté d'induire une transformation, par l'arrivée d'une nouvelle compréhension ou, encore, par un transfert de votre personnalité sur un cercle d'influence universelle supérieure.

Je distingue un autre pôle de transformation sur ce fleuve : l'effet positif ou négatif de la vie à l'extérieur de vous.

Le positif renvoie aux informations en provenance de la flamme violette ou de mes livres, par exemple, car elles procurent une libération au cœur des schémas qui vous retiennent dans une stagnation de l'esprit, au sein d'un concept n'offrant plus de mouvement. Cela favorise la venue d'un maître de pensée, d'un guide, qui apportera des germes afin de différencier davantage la Vie universelle.

Sous l'aspect négatif se rangent toutes les manipulations psychiques de votre humanité qui pénètrent le corps. Ces manipulations entrent sous forme d'ondes programmées par une pollution volontaire. Une grande partie de votre nourriture et de vos soins est aussi malheureusement, mais temporairement, incluse dans cette catégorie.

Nous n'émettons aucun doute quant à votre pouvoir de transformation et nous assisterons d'ailleurs à votre retour dans la beauté et la plénitude. Toutefois, en attendant cet événement, vos cristaux liquides peinent à s'articuler correctement à cause de ces substances nocives. Nous observons la naissance d'une prise de conscience ayant trait à vos responsabilités dans tous les domaines, sous l'impulsion de ceux qui, en apparence, ne peuvent intervenir, c'est-à-dire le corps de la population terrienne appelé les consommateurs ou, moins poétiquement, les destructeurs.

Eh oui, chers amis, pour un petit groupe, la chaîne de consommation porte ce nom. En reprenant cette logique terrienne, en vous nourrissant, vous êtes des destructeurs ! Êtes-vous choqués d'entendre cela ! Je l'espère ! Pourtant, ce sont vos frères et sœurs incarnés, bien intentionnés, qui ont choisi ce terme ! Si vous trouvez son énergie trop forte ou inadaptée, je vous réponds : oui et non.

Oui dans un certain sens et non dans un autre, puisque vous avez besoin de faire vivre votre corps en harmonie, ce qui engendre la dénaturation d'un être, quel qu'il soit. Mais ceci n'entre pas tout à fait dans le cadre de ce chapitre. Poursuivons.

— Les cristaux fixes sont les points dits d'acupuncture, les chakras et sous-chakras. Toutefois, ces cristaux changent de visage, se ferment, s'ouvrent totalement ou partiellement. Leur but : laisser entrer des informations, des énergies et émettre de la lumière puisée à même votre corps.

— Les cristaux voyageurs ; voilà une ouverture !

En effet, vous possédez un certain quota de ces cristaux. Ils accompagnent l'émission des pensées et sont donc encodés temporairement. À la recherche d'autres cristaux pareillement encodés, ils circulent dans l'éther, matrice de Vie, véritable toile cristalline.

Vos cristaux reviennent automatiquement vers vous et entrent avec aisance, puisqu'ils font partie de votre vie cristalline ! En utilisant la flamme violette, par exemple, vous permettez au cristal à tonalité violette d'œuvrer à l'épuration de la bande mémorielle cristalline.

La flamme violette est, en réalité, une formation géométrique constituée de cristaux voyageurs issus du Cœur cristallin primordial. Les cristaux voyageurs à tonalité violette viendront donc chercher les informations introduites dans la bande mémorielle de vos cristaux voyageurs et de leur feu cristallin. La flamme violette brûlera les agglomérats et rendra la beauté à la structure géométrique de ces cristaux. Ceci, avant qu'ils ne pénètrent dans votre corps par les entrées des cristaux fixes, pour s'introduire finalement dans le fleuve cristallin et le cœur des cellules afin d'y déloger les informations sur chaque bande mémorielle de vos neutrons, protons et électrons. En vérité, les lumières arc-en-ciel issues du cœur de chaque feu (rouge, orangé, jaune, vert, bleu, indigo, violet) agissent sur vos cristaux et vos atomes.

Les toiles cristalline, neutronique, protonique et électronique irradient à l'extérieur de votre corps depuis leur intimité.
- La toile cristalline émet un chant cristal d'harmonie.
- La toile neutronique diffuse une lumière favorisant la pénétration de la conscience universelle.
- La toile protonique crée une friction nécessaire à la fusion de toutes les identités et, par conséquent, à l'origine de la facilité de l'union de tous les pôles de Vie.
- La toile électronique envoie toutes les impulsions d'expansion par son cœur (électronique !). Un électron pulse comme un cœur physique. Son but : amener les cœurs humain, terrestre, solaire, lunaire, les cœurs d'étoiles, de secteurs universels à s'harmoniser entre eux de façon à fluidifier l'identité commune.

Votre regard sur la vie du prisme coloré s'est vidé de la connaissance et de l'identification de son mouvement. Actuellement, vous répondez à des invitations et à des sollicitations des Maîtres sans comprendre le mouvement important qui s'engage.

À votre demande, le prisme appelé s'active et descend avec force. L'impact est percutant ! Ce choc engendre une pénétration plus vive et favorise l'extériorisation de données. La demande ouvre les canaux subtils et déloge les verrous. Forcément, une vague d'expulsion d'informations survient. Présentement, le rayon violet est fort à l'œuvre. Il se décline sous toutes ses subtilités, jusqu'au moment où il pourra parvenir à son expression la plus élevée : son état d'or. Aussi, il vous semblera passer du rayon violet au rayon or. En réalité, il n'en est rien. Ce sera toujours le même prisme.

Tous les rayons ont deux formes de vie : une approche sans partage de conscience avec un être, et le partenariat conscient avec l'être.

La puissance de la transformation se joue au quotidien. Vous êtes trop nombreux et nombreuses à croire que cette mutation s'engage uniquement dans des moments particuliers. En vous observant, nous remarquons vos croyances dessinant des voies étroites et difficiles pour accéder au moteur de la transformation. Selon votre mental préhumain, celui-ci se met en route seulement si vous l'appelez. Bien sûr, en émettant la volonté de vous relier à la transformation, vous ouvrez une porte, celle que vous avez vous-mêmes fermée dans un temps ancien !

En réalité, l'énergie de la transformation œuvre en permanence, à chaque prise de conscience et lâcher-prise. Elle travaille aussitôt afin de transmuter les énergies cristallisées, déformées et plus ou moins sombres. Alors, aujourd'hui, je vous rappelle ceci : le rayon violet est en action constante ! S'il ne parvient pas en permanence jusqu'à vous, cela est dû aux verrous apposés par vous sur les chemins de navigation. En regardant ces voies, nous distinguons parfaitement où se situent ces verrous. Vous ne serez pas étonnés d'entendre qu'ils sont en place sur vos portes intérieures ! Toutefois, malgré cette puissante création, vous n'avez jamais pu dévier entièrement la trajectoire. Vous avez seulement détourné votre regard de l'aisance d'accès à l'énergie de la transformation et bloqué en partie cette chimie à l'intérieur de votre corps communautaire en favorisant un agglutinement de cristaux liquides, et ce, même sur les points stratégiques.

Depuis lors, il vous faut émettre un signal afin de retrouver le flux total de la transformation. Graduellement, les peuples des étoiles et les fraternités ancrées dans les lois universelles déversent dans l'aura de votre Terre bien-aimée des informations sur les pouvoirs contenus dans toutes vos cellules. Vous croyez accueillir ici un enseignement fort, innovant. Détrompez-vous, il n'en est rien ! Selon l'état d'ouverture de l'organe de pensée, l'émergence des compréhensions liées à la Vie et aux lois universelles, nous vous rappelons des secteurs d'études vus dans les plans subtils. Ainsi, dans le monde de la forme, nos mots ancrent en profondeur des connaissances déjà données sur nos plans.

Aujourd'hui, vous reprenez donc contact avec la force de transformation.

Tous les guides et les maîtres vous invitent à utiliser le rayon violet. Parlons un peu de cette couleur. Ce prisme de lumière se nourrit des autres. Il circule dans l'éther mû par un taux de fréquence spécifique. Dès la naissance du monde fini, la volonté du Sans-Nom a déterminé la vie et la trajectoire de chaque rayon. Sorties du Cœur primordial, les couleurs s'individualisent, se séparent du prisme initial de manière à offrir des repères dans la vie de l'étudiant de la famille universelle. Ah oui, vous ignorez peut-être que les humanités terrestres portent le nom de famille universelle finie ou du monde fini ! Cette désignation est nécessaire afin de vous distinguer par rapport à votre évolution dans les champs célestes du monde infini. Oui, vous pouvez en déduire qu'il y a la famille céleste primordiale (évoluant au sein d'une zone neutre) et la famille céleste infinie. J'appartiens, quant à moi, à la famille céleste primordiale, et vous appartenez à la famille céleste universelle du monde fini. Cela n'enlève rien à la valeur fondamentale contenue dans votre structure cellulaire humaine ! Il suffit de la redécouvrir.

Le rayon violet est une diffraction personnalisée du prisme primordial. Il a plusieurs actions sur le monde des formes, des moules. Il transforme, nourrit, repolarise, purifie et sanctifie. Vous approchez de sa première expression. Nous vous suggérons de bien en sentir la profondeur, c'est-à-dire son pouvoir de transformation. Elle est une force intelligente qui se décrypte sur vingt et une déclinaisons. En l'appelant, vous informez la Vie de l'oubli de ces possibilités. Par conséquent, vous vous connectez à sa toute première expression.

En rétablissant un partenariat avec vos guides, vous autorisez l'intégration de cette étude. Ainsi, à la lecture de ces mots, je vous révèle votre réintégration dans la classe d'étude sur les multiples expressions du feu violet ou rayon violet. Ceci afin de vous présenter à la maîtrise relative à l'état de créateur. Nous vous rappelons également que vous devrez discerner toutes les expressions du rayon violet! Allez, ne vous découragez pas! Cette humanité fait de grands pas dans le respect de l'être.

Et n'oubliez pas qu'il y a un siècle certaines de vos religions n'accordaient pas d'âme à la femme! En lui rendant un peu de dignité, cette bulle humaine, votre humanité, effectue un grand pas dans la reconnaissance de la Vie et des lois universelles.

Vous pénétrez doucement dans le moteur de la transformation, vous découvrez une multitude d'approches puissantes et vous discernez alors toutes les géométries liées à la pensée statique. Cela vous permet de comprendre pourquoi la pensée engendrant de la staticité détruit l'harmonie humaine en cours de révélation.

Le rayon violet sera la première expression prismatique à œuvrer sur cette planète. Son travail alchimique terminé, vous retrouverez la puissance du rayon rouge de l'ancrage de la Vie universelle et en explorerez ses cent vingt et une déclinaisons! Il est l'heure de vous réenseigner les facettes formant la géométrie de chaque prisme coloré ou rayon de lumière. Comme vous prenez contact avec un arc-en-ciel agrandi, il est temps d'élargir votre conscience sur la Vie universelle en mouvement permanent.

Un prisme se révèle progressivement. Il se dévoile avec parcimonie dans le monde de la densité, plus largement dans les mondes infinis, et totalement dans la zone primordiale. Toutefois, dans le secteur dense, nous observons deux mouvements : un premier sur l'enveloppe externe du corps et un autre, plus intense, à l'intérieur du même corps. Ceci correspond à l'identification d'une donnée céleste, car un rayon prismatique est une donnée céleste qui participe à la révélation d'un morceau du puzzle cosmique de l'identification de la personnalité en voyage.

Le prisme coloré descend d'un secteur universel infini vers un monde fini. Il touche l'enveloppe extérieure du corps. En le frappant, le rayon éclate en plusieurs facettes, lesquelles pénètrent chacune la forme physique. Ce premier contact est comparable à un véritable accouchement. Si, à ce moment, il n'y a ni raideur ni rejet, les facettes entrent avec aisance et ouvrent des prismes microcospiques dévoilant une nouvelle génération de facettes dites secondaires. Au cours du voyage entrepris dans le corps, ces facettes prismatiques secondaires parviennent à la périphérie de la cellule si elles ne rencontrent aucun obstacle, et nous assistons à une nouvelle naissance. Chaque facette éclate alors en une multitude d'étincelles dites prismatiques, puis nous parvenons à la troisième génération du rayon. Dès lors, les étincelles se divisent en trois minirayons afin de pénétrer le proton, le neutron et l'électron. Après cela seulement, le rayon dégage une friction dite aussi prismatique, laquelle engendre la quatrième génération de facettes, soit une géométrie possédant la clé d'entrée de la bande mémorielle du neutron, du proton, de l'électron.

Le rayon de lumière doit se diviser plusieurs fois pour libérer tout son pouvoir d'action. Par ailleurs, la respiration offre un outil performant facilitant l'absorption de la vie prismatique et de ce pouvoir d'action.

Le rayon violet a la possibilité de déloger des informations bien ancrées dans une zone de vie de la cellule. Mais revenons à la trajectoire décrite.

Parvenu dans la bande mémorielle, le rayon se divisera une fois encore pour visiter les infimes particules, principalement celles qui sont stigmatisées. Les stigmates les plus dévastateurs sont installés dans les microparticules protoniques. Ceux qui sont reliés à l'électron sont facilement cicatrisables, mais ceux reliés aux neutrons donneront lieu à un rétablissement de l'harmonie plus difficile.

L'exercice sera long dans les protons, car les résistances sont tenaces et nécessitent une dépense énergétique supérieure. Cela se traduira au premier abord par une incapacité à surmonter un problème de personnalité, et une aide extérieure deviendra nécessaire.

Voilà pourquoi, chers enfants, vous avez vraiment besoin d'un support, d'une aide extérieure, à certains moments de votre vie afin d'expulser de vieilles mémoires. En cette période si particulière de la Terre, unissez vos forces pour vous épauler tous et retrouver une zone mémorielle vierge, donc neutre de réactions sur les études, les approches de la Vie et de la radiance lumineuse.

Il est intéressant de comprendre le voyage inverse du rayon.

Une fois le travail accompli dans les microparticules des protons, des neutrons ou des électrons, les facettes prismatiques se retirent, chargées d'une part de votre mémoire. Elles se glissent au dehors de la cellule, puis du corps. Cependant alourdies, elles ne repartent pas vers leur lieu d'origine, mais demeurent dans la densité de votre planète, se réunissant génération par génération afin de reformer le rayon prismatique initial. Cette réunion s'effectue en dessous de vos pieds, puis le rayon continue sa course jusqu'au soleil du centre de la Terre. En traversant la croûte terrestre, il dépose sa charge. Parvenu au soleil, il se remplit de l'énergie solaire polarisée pour apporter une énergie de compassion, de guérison spécifique, d'expansion, ou pour effectuer l'alignement d'un ou de plusieurs corps subtils.

Plein de l'énergie solaire, le rayon reprend sa course en sens inverse et se dirige de nouveau vers le même corps. Il le pénètre par la plante des pieds et vit une fois encore des séparations afin de rentrer dans les microparticules. Il y dépose l'énergie solaire, ressort aussitôt sans attendre l'implantation des données, puis se dirige vers le sommet de la tête afin de terminer son retour vers la source initiale.

Nous avons résumé là le voyage alchimique d'un rayon prismatique dans le corps humain. En permanence, ce dernier est traversé par les rayons colorés. Comprenez donc que les cristallisations augmentent le pouvoir des verrous posés sur vos voies de circulation intimes, denses ou subtiles. Aussi, dans l'état actuel du corps humain, l'appel à la Fraternité blanche, à la Fraternité Arc-en-ciel, à la hiérarchie en place dans ce système solaire est-il incontournable, et ce, afin de rétablir le mouvement harmonieux dans vos fluides et de retrouver le partenariat naturel avec le rayon de lumière issu de la volonté du Sans-Nom, nourriture puissante pour l'être intérieur.

Il est question de biochimie ; toutefois, il est bon de mettre une image sur cela dans le but de comprendre le concept évoqué. L'homme réalisé circule dans la Vie universelle en étant installé dans l'harmonie bio-électrochimique.

Bio : réalité de la chair ;

électro : électricité nécessaire à la circulation d'une information ;

chimie : vie microcellulaire relatant le partenariat avec la volonté du Sans-Nom.

Les rayons de couleur sont donc une diffraction de l'énergie solaire ; ils s'autorégénèrent en passant d'un soleil à l'autre. Votre plexus solaire est le maillon solaire accueillant l'identité solaire et sa spécificité. Cette roue d'énergie amplifie, par un mouvement circulaire, la nourriture solaire reçue. Le rôle de ce chakra consiste à répartir l'énergie vers des secteurs précis du corps communautaire. Sa structure géométrique pénétrera la géométrie visiteuse, donnant ainsi son accord à cette dernière pour qu'elle entre dans la mémoire cellulaire et effectue son travail alchimique, soit une transmutation de haute fréquence.

En vous restituant la connaissance, nous vous offrons la possibilité de comprendre l'extrême importance de respecter un corps vivant et de cesser tous les trafics visant à le maintenir dans un état de dépendance pitoyable.

12

La mutation actuelle

Mon cœur et mon esprit sont vraiment comblés, car je peux observer les changements qui s'opèrent au gré des rendez-vous.

Il n'y a pas des instants privilégiés, des coupures puis, de nouveau, des instants privilégiés. Au fur et à mesure que je déroule mes énergies, que je les pose autour de cette planète et en vous, je ne fais qu'étendre le fil conducteur de ma pensée vers la vôtre, qu'envoyer l'énergie de mon cœur vers le vôtre. De rendez-vous en rendez-vous, de silence en silence, nous sommes toujours unis.

Il y a forcément des moments comme celui-ci où je peux m'exprimer en direct, ceux où je me retire pour vous parler en silence dans la matrice de cette planète, et certains moments aussi où je vous accueille d'une façon ou d'une autre en déposant un enseignement. Mais nous sommes reliés en permanence depuis l'instant où j'ai établi le contact sur cette planète.

Ceci ne veut pas dire que j'étais très éloignée auparavant, que je ne faisais pas attention à vous; la phase que vous traversiez était simplement différente.

L'histoire présente, l'heure de cette planète, est tout à fait particulière; nous adaptons donc les rendez-vous, les contacts ainsi que les énergies de manière à vous permettre de glisser sur ce que nous vous envoyons. Les étoiles, l'Univers entier, les planètes, les guides, les anges, les maîtres ascensionnés ou non sont là et se penchent sur ce lieu, ce petit espace du grand espace cosmique, là où une phase essentielle du bon déroulement du Plan divin se joue, s'interprète.

Vous vous demandez où je vous amène par ces quelques mots, tant vous êtes habitués à ce que je commence d'une certaine manière pour glisser ensuite sur un autre sujet. Vous avez raison ; je voulais simplement vous expliquer qu'il n'y a pas de rupture même lorsque je me retire et que nous ne sommes pas reliés *en direct*. Voyez-vous, depuis que mon regard se penche plus en profondeur sur cette planète et cette humanité, je connais à chaque instant le degré d'ouverture ou de fermeture requis, le type d'énergie à déployer pour assurer l'ancrage de cette grille magnétique à l'intérieur de vous, et, forcément, je me dois de jouer sur vos rouages intérieurs. Car si la grille magnétique humaine s'articule maintenant différemment bien qu'elle ne soit pas encore à son apogée, il s'agit d'abord de libérer votre mémoire cellulaire de tout un passé, de toute une histoire, celle de votre aventure, ici et ailleurs. Car, n'en doutez pas, si vous êtes venus sur Urantia Gaïa, c'est dans le but de réactiver, de changer la grille magnétique intérieure de l'humanité.

Il est surtout question d'un accomplissement, et vous ne l'avez pas mené uniquement ici. Non, ce serait vous leurrer que d'affirmer cela. En réalité, votre histoire d'esprit porte justement sur votre cheminement au sein d'autres systèmes solaires, là où vous avez commencé à polir votre être intérieur et à lui donner des racines. Autrement dit, vous êtes partis un jour vers l'aventure et, au fil des rencontres et des passages sur d'autres planètes, vous avez extériorisé la grandeur qui réside en vous, mais il fallait en même temps que vous extériorisiez cette identité, que vous lui donniez des racines profondes. Par conséquent, vous avez connu des aventures peu glorieuses, ou glorieuses, mais d'aventure en aventure vous avez surtout accumulé un vécu qui ne vous sert plus, car il traite simplement de ce cheminement chaotique. Nous sommes donc en train de sélectionner la mémoire qui vous servira dans un avenir proche ou lointain, la mémoire actuelle ne vous servant plus à rien. Comprenez bien ceci : poser ses pas sur un chemin pour aller vers un but est certes merveilleux, puisque ce chemin est fait d'un paysage, de déclinaisons de couleurs, de sons, de rencontres. Cependant, une fois ce but atteint, ce qui importe le plus, c'est l'essence même de ce but, de ces rencontres. Que vous gardiez ou non en mémoire les paysages et les rencontres n'est pas forcément utile, puisque cela évoque des racines déjà visitées qui, après tout, ne sont peut-être pas si harmonieuses. Alors, bien sûr, avec vos guides, vos anges, vos Pères/Mères, nous visualisons votre itinéraire et déterminons ensemble ce qui peut encore vous apporter une connaissance, un vécu et ce qui ne vous apportera plus rien de toute manière. Quand vos Pères/Mères ont déterminé les séquences de votre passé qui ne sont plus porteuses d'ouverture, de connaissance et d'intégration, nous avons entrevu ensemble d'autres rendez-vous pour que vous puissiez déposer assez aisément ce vécu.

En effet, pour recevoir de nouvelles énergies et impulsions, vous devez effectuer un vide à partir duquel se créeront de nouveaux carrefours, de nouvelles lumières, des paysages neufs, des rencontres, des sonorités, des parfums. Il vous faudra reconnaître alors tout ce que nous déposons devant vous.

Votre grille intérieure, c'est cela. Et si, justement, nous vidons actuellement l'ancienne grille magnétique, comprenez que ses anciens carrefours ne sont plus porteurs de promesse, d'ouverture, d'expansion, ni même de compréhension et d'intégration. Ils ne vous permettront plus de vous saisir de votre identité et de l'implanter fortement dans la densité. Dites-vous bien que votre identité représente en quelque sorte ce drapeau que vous avez un jour coloré et qu'il vous faut implanter sur une terre nouvelle. Et cette *terre nouvelle*, vous y allez, vous cheminez à sa rencontre. Il est vrai que chaque être découvrira une terre qui sera différente de celle de l'autre. Tout est bien et tout est juste, car il s'agit d'associer votre cheminement immédiat au cheminement qu'il vous appartient de découvrir pour votre réalisation personnelle.

La nouvelle grille magnétique intérieure se joue sur des points subtils de votre être. Ainsi, je vous le dis, par ce travail que nous effectuons et qui se terminera en 2012, nous élaborons, en parfaite communion avec vos guides, vos anges et également vos Pères/Mères, la grille magnétique de cette humanité.

Dans ce processus, vos Pères/Mères sont très actifs, car ils savent qu'en induisant des impulsions spéciales et particulières vers leurs enfants, ils les amèneront vers une ouverture plus grande. Au sein même de cette grille magnétique qui reposera en leurs enfants, ils pourront ouvrir de plus grands champs de conscience. De toute manière, la grille magnétique de chacun sera différente par cet impact et la volonté de votre Père/Mère de vous conduire tous à des rendez-vous spécifiques, en vue de votre propre évolution.

La grille magnétique de cette humanité était remplie d'énergies lourdes de douleurs, de souffrances extrêmes, de reniements. Oh oui, combien vous avez renié l'identité, l'énergie, la lumière divine reposant en vous! Combien nous avons, quant à nous, pleuré de compassion devant ce rejet monstrueux, un rejet d'une telle ampleur que nous nous demandions si vous auriez ou non la force de vous rappeler encore qui vous êtes.

Alors, laissez-moi vous dire aujourd'hui à quel point mon cœur est dans l'allégresse, car je vois au fil des temps, de votre temps, des êtres se positionner et accepter enfin la pleine lumière, cette lumière qu'ils sont. N'en doutez pas, si nous allons jouer tel un diapason avec votre identité, votre lumière, votre sonorité et votre parfum, en aucun cas nous les transformerons radicalement. Nous allons seulement accueillir cette tonalité que vous avez osé déposer sur cette planète et nous l'amènerons jusqu'à une ou deux octaves supérieures, en fonction de chacun. Sur chaque octave, se trouvent en fait des milliers et des milliers de portes de possibilités.

Aussi, je vous l'annonce : «La grille magnétique de cette humanité sera totalement transformée, mais l'approche de cette transformation est d'une telle ampleur que votre personnalité sera respectée dans sa totalité, ce dont vous vous rendrez compte.» Nous n'allons pas unifier la personnalité de cette humanité mais, bien au contraire, la bonifier. Nous permettrons ainsi à cette personnalité en cours de reconnaissance et d'intégration dans la densité de s'expanser, d'offrir des racines profondes à toute la vie divine et cosmique. Ne croyez pas que ce que l'autre vivra sera identique à ce qui vient devant vous. Cela est absolument impossible, puisque votre parcours intérieur a déjà dessiné un itinéraire que nous devrons respecter en empruntant chaque détour, chaque ligne, chaque déclinaison. Nous devrons également accepter toutes ces couleurs que vous aurez déposées et qui feront de ce parcours quelque chose d'unique qui, d'ailleurs, le restera. Cela est naturel, puisque vous avez été créés uniques et qu'il n'y a pas deux moules, deux personnalités identiques. Comprenez bien que dans ce qui se joue aujourd'hui, la personnalité est entièrement respectée. Si nous construisons, favorisons l'expansion d'un nouveau moule dans lequel l'expression de votre identité s'écoulera, eh bien, ce n'est pas l'identité, la personnalité qui changera, mais le moule dans lequel votre identité profonde et cosmique s'exprimera. Naturellement, les portes seront identiques et les rouages, les articulations de cette grille magnétique humaine le seront aussi de l'un à l'autre. Cependant, comme vous avez déjà une grande expérience, certains prendront le chemin de droite, de gauche, d'en haut, d'en bas, ou en diagonale à l'intérieur des mêmes portes. Et au fur et à mesure que vous identifierez le paysage de cette grille magnétique, nous enregistrerons le visage de votre nouvelle transformation. Car, à chaque porte de cette grille magnétique, se trouvent une foule d'informations, une multitude d'énergies, de sonorités particulières et, naturellement, des couleurs également prêtes à vous accompagner. Cela étant, vous aurez des millions — eh oui — de possibilités d'expérimenter la même porte ! Et cela est bien, cela est juste quand on sait combien de portes existent en vous. Nous savons que nous construisons en fait un chemin offrant des milliards et des milliards de possibilités et d'identifications.

Une grandeur exceptionnelle vient vers vous, mais si cela se produit, si nous déposons à l'intérieur de cette nouvelle grille magnétique humaine des possibles immenses et sans restriction, c'est que nous attendons de vous la révélation suprême de la vie de cette grille magnétique. Ainsi, dans ces instants où je vous révèle encore cela, nous vous offrons une nouvelle grille magnétique que cette humanité va identifier, expérimenter. Et dans le cadre de cette rencontre, vous fournirez à la Vie divine des germes d'idées, de vécus, de savoirs tout à fait exceptionnels qui viendront enrichir d'informations la bibliothèque vivante universelle. Comme vous êtes déjà sur une planète enregistrée sous l'appellation de *bibliothèque vivante,* imaginez le nombre de documents que vous déposerez sur les nouveaux rayons que nous avons déjà construits et qui n'attendent qu'une chose, votre participation !

En outre, je vais donc vous révéler ceci : Depuis mon contact avec vous de manière consciente (et grâce à ma partenaire), au fur et à mesure de nos rencontres, de vos questions, j'ai pu fournir des pans d'informations qui n'étaient pas initialement prévus dans le déroulement immédiat de notre lien. Ainsi, dans les livres déjà transmis, certains chapitres sont-ils les réponses à vos questions.

Alors, fils et filles urantiens, continuez à nous poser des questions car, voyez-vous, nous pourrons créer des livres uniques qui ne sont pas présentement à l'intérieur de ce que nous nous proposons de déposer dans la matrice de cette planète. Dans cette bibliothèque vivante, nous aurons dès lors la joie d'inaugurer des enseignements simplement parce que certains et certaines d'entre vous auront eu le courage de nous interroger et de devancer l'enseignement afin que nous ouvrions un petit peu plus les portes du savoir. Oui, oui, cela est possible ! Sachez que dans ce que nous, Maîtres d'information, véhiculons pour cette planète, son ouverture et votre transformation, nous pouvons engendrer un enseignement non prévu initialement dans cette séquence de temps. Et plus cela se fera, plus nous pourrons affirmer que votre Terre reçoit des protections particulières afin de glisser dans sa propre transformation et, ainsi, d'être digne de son rôle de bibliothèque vivante en garnissant tous ses rayonnages d'un savoir particulier. Mais attention, car dans ces instants particuliers où nous avons rendez-vous avec vous, les énergies que nous véhiculons ouvrent des chemins et certains esprits peu enclins à nous servir en profitent pour se glisser dans ces ouvertures. Nous le savons, nous l'acceptons, c'est un jeu, cela n'ira pas trop loin. Mais vous qui, pour l'instant, vous éveillez seulement à ces contacts conscients, avez oublié la prudence et déposé la maîtrise. Soyez donc attentifs et comprenez que si vous êtes en contact, c'est naturel. Cependant, ceci n'étant que le premier pas, assurez-vous de servir la Vie telle que nous la concevons, c'est-à-dire UNE, emplie d'amour, de service, de compassion, d'élévation. Assurez-vous en outre que les êtres avec qui vous êtes directement en contact de l'autre côté soient bien ancrés dans la même volonté.

J'attire votre attention sur ce point car, déjà, à l'intérieur de ces ouvertures et de ces *contacts,* nous voyons des frères et des sœurs qui commencent à se perdre dans les dédales de l'ego et, forcément, appellent les énergies en conséquence. Nous ne déplorons pas cette situation qui représente, nous le savons, un palier, mais nous tenons à vous en avertir. Si certains d'entre vous tombent dans ce type de réunion, ils se relèveront plus forts. Et quand ils reprendront contact en un autre temps, ils sauront alors employer les bons mots, émettre la volonté requise. S'ils chutent aujourd'hui, c'est qu'ils n'ont pas compris justement qu'ils devaient rester maîtres du contact. Aussi, je vous le précise, vous avez le droit de nous faire part de votre fatigue et de votre besoin de comprendre ce qui se passe, voire de l'intégrer. Nous l'acceptons pleinement et sommes même heureux quand l'un d'entre vous nous dit : « Je veux servir l'énergie de Vie et l'énergie d'Amour, et je désire que mon service à la Vie soit axé sur ce but. » Ô combien, là, nous nous réjouissons, car nous savons que dans le partenariat qui s'établit enfin, la résonance assurera une qualité de contacts et d'échanges bien plus élevée que si l'être rejoint se contentait d'être une petite marionnette se laissant diriger tel un pantin, comme quelqu'un qui ne sait ni réfléchir ni démontrer de la volonté.

Je vous l'affirme, la Terre à venir est faite pour les hommes et les femmes qui sont forts et qui savent ancrer leur volonté dans l'amour et la décision.

Et je vous le rappelle, nous, les Forces primordiales, savons exactement ce que nous voulons faire de notre vie, quel est le but de notre service. Mais vous, vous ne savez plus rien, vous ne vous posez même pas ces questions essentielles de votre vie. Pourtant, en ces instants où nous sommes en train de reconstruire la grille magnétique de cette humanité, nous avons plus que jamais besoin d'hommes et de femmes forts qui savent précisément ce qu'ils veulent, pourquoi ils s'unissent avec les êtres de l'autre côté du voile de manière consciente. Des hommes et des femmes qui savent où ils veulent diriger leurs pas, et jusqu'où ils iront.

Là, je peux vous garantir que lorsque l'un d'entre vous se lève avec une telle force, nous sommes nombreux à nous approcher de lui, ou d'elle, afin d'œuvrer par son canal, et ce, en toute sécurité autant pour lui ou elle que pour nous.

Je vous invite dès maintenant à prendre pleinement conscience que tout ce qu'il y a de *l'autre côté du voile* n'est pas forcément ancré dans le respect de l'autre et dans la volonté de servir les Lois universelles ou d'installer l'Amour cosmique.

Dites-vous bien que ce Cercle atomique de Vie est jeune, qu'il n'est pas encore dans l'état d'expérience ni installé dans la maîtrise. Les êtres immergés dans ce moteur sont encore peu nombreux ; je réfère naturellement ici aux êtres issus de l'expérience, puisque tous les membres des familles de lumière — qui n'ont jamais vécu l'expérience — ne peuvent s'égarer.

Je vous en informe donc : tous les esprits de toutes les étincelles de Vie actuellement dans le moteur de l'expérience n'ont pas encore la volonté de servir les Lois universelles. Bien sûr, cela est permis. Ce fut même autorisé, mais vous qui êtes en réveil avez un choix important à faire. Qui voulez-vous servir ? Où en êtes-vous par rapport à votre volonté de réintégrer ou non votre personnalité, votre identité, vos forces, votre lumière, votre radiance ? Où en êtes-vous, et qu'allez-vous faire ? Il est temps de vous poser ces questions essentielles.

Naturellement, afin de vous permettre de vous poser de telles questions puis d'y répondre, nous vous offrons une multitude d'approches, de contacts et d'enseignements. Par le biais de tous ces possibles, nous souhaitons vous amener à vous questionner et, par après, à déclencher la réaction appropriée. Qui êtes-vous aujourd'hui ? Où allez-vous ? Que voulez-vous faire de votre devenir ? Qui voulez-vous servir ?

Je vous invite à vous installer profondément dans votre silence intérieur, à vous poser toutes ces questions, et d'autres encore peut-être, puis à y répondre. À partir de là, vos Pères/Mères instilleront des chimies particulières visant à l'intégration de la totalité de votre personnalité. Puisque vous êtes venus sur cette planète pour ce type d'exercice, dites-vous bien qu'ils en profiteront et qu'eux aussi grandiront à l'intérieur de leur identité. Toutefois, ils n'ont pas les mêmes *soucis* que vous, car il leur est possible de distinguer tous les comportements ici, comme ceux des êtres de l'autre côté. Il ne vous sera permis d'ouvrir cette vision que lorsque vous aurez répondu aux questions fondamentales de votre existence.

Vous êtes dans une séquence de temps unique, car des énergies uniques descendent sur cette planète afin que vous puissiez ouvrir des portes en vous. Chacun pourra le faire, beaucoup pourtant ne le feront pas, mais cela appartient uniquement à chacun.

Pour notre part, nous en sommes à jouer sur les fréquences de la personnalité en vue de construire la nouvelle grille magnétique de cette humanité. Vous voilà donc à un rendez-vous incontournable avec vous-mêmes.

Plusieurs d'entre vous s'ouvriront et accueilleront la présence d'êtres, mais attention ! Qui sont-ils ? Vous le découvrirez peut-être à vos dépens si, au préalable, vous n'avez pas éclairci la vision de qui vous êtes et de ce que vous voulez devenir.

Tout ce système solaire s'articule autrement pour laisser passer un rayonnement subatomique bien plus grand. De ce fait, des familles universelles inconnues de la conscience de cette humanité se rapprochent; elles ne portent pas le vêtement de chair que vous avez revêtu. Oh, je me répète! Mais c'est bien à cause du manque d'intégration de cette information pourtant capitale par rapport à ce qui vient.

Vous allez réapprendre à côtoyer la Vie universelle. Au début, ce sera la nouveauté, puis vous devrez vite ressentir quel type d'énergie habite chaque famille universelle venue vous visiter. Vous réapprendrez à dire oui ou non clairement, vous devrez maîtriser cette vie que vous tenez entre vos mains. Ainsi, les rendez-vous de demain ne seront pas tous faciles, car si la grille magnétique planétaire a été changée, si la grille magnétique de cette humanité est en cours, dites-vous bien que la grille magnétique de ce système solaire est également prête à entrer en mutation. Et en raison de tous ces changements, il ne vous sera plus possible de vous appuyer sur les points de repère du passé. Il vous faut aller de l'avant et comprendre, intégrer; en somme, il vous faut être responsables, devenir les gardiens de ces énergies qui résident en vous. J'emploie bien le mot *gardiens*; essayez, par vos oreilles, de comprendre ce que je tente de dire ici. Il vous faudra utiliser vos yeux pour voir ce qui n'est pas visible à première vue, recourir à votre mental supérieur pour déceler les pièges égotiques, et vous servir de l'énergie de votre cœur pour être bien ancrés dans les forces de la Terre.

Alors, enfants de la Terre, je vous le dis : Il est temps de retrouver la connaissance universelle, de reprendre cette personnalité que vous avez construite de visite en visite sur les planètes d'un système solaire à un autre pour être forts sur terre. Oui, ce qui vient devant vous *n'est pas une mince affaire,* mais nous avons déposé toutes les informations, toutes les forces, toutes les lumières nécessaires à cette fin. Vous avez tous les pouvoirs pour amener la transformation globale et radicale de ce système solaire, et la mener à bien. Vous êtes déjà engagés dans ce processus.

Vous êtes avant tout des enfants universels évoluant sur Urantia, la planète ayant reçu le nom de Gaïa par votre humanité.

Et vous allez devoir vite réinvestir cette vision, car elle est bien différente de celle qui consiste à appartenir à une humanité née je ne sais où, pour aller je ne sais où, et qui vit sur une planète répondant au nom de Terre ! Toutes les planètes sont des terres ! Alors, en cela, ce nom est respectable, mais pas tout à fait juste, car il fausse la vision des forces dont vous allez avoir besoin !

Je le répète, dans ce qui vient vers vous, vous serez amenés à vous appuyer sur vos forces intérieures. Pour en profiter pleinement, vous devez comprendre que vous êtes des enfants cosmiques, universels, de passage sur une planète qui porte le nom d'URANTIA GAÏA.

J'ai déposé des forces qui vous accompagneront, vous envelopperont afin de traverser les rendez-vous déjà dessinés devant vous.

13

Transcender vos limitations

Ce cercle est équilibré par la présence de quatre femmes et quatre hommes.

Le chiffre 4 a une signification très puissante, vous le savez. Si, effectivement, vous êtes peu nombreux en ces instants, sachez que se cache une grande importance derrière cet aspect.

Si vous le voulez bien, nous allons dérouler le fil conducteur de notre pensée. Il vous dévoilera au fur et à mesure le rendez-vous que vous avez choisi et même réclamé.

Certaines forces qui s'activent autour de cette planète tentent de vous maintenir dans une attitude duelle et j'aimerais développer un peu ce sujet, car tant que vous demeurez dans le moteur de la dualité, il vous est impossible de visiter le moteur de l'harmonie, de la paix, de l'amour.

Tant que vous êtes dans le moteur de la dualité, vous restez ancrés dans les premiers chakras, dits de base ou inférieurs. Pourquoi les qualifions-nous d'*inférieurs*? Tout simplement parce que l'expression que vous développez en y étant installés n'est pas une expression lumineuse de votre être. Cela signifie que vous tentez d'abord, immergés dans la force de ces trois premiers chakras, d'ancrer votre personnalité, soit de la reconnaître puis de vivre par elle.

Comme vous le savez, nous, les forces matricielles autour de votre Terre, essayons de vous amener, depuis ces énergies dites inférieures, vers le quatre pour entrer dans la porte du cœur. De là, les portes de vos chakras supérieurs s'ouvriront et vous révéleront le contenu de toutes les informations relatives à votre identité céleste. En somme, tant que des forces s'activent autour de cette planète pour vous retenir dans le moteur de la dualité, vous ne pouvez pleinement entrer à l'intérieur des strates de conscience qui vous ont permis de voyager jusqu'ici et, par conséquent, d'enraciner les informations déjà transmises dans vos cellules.

J'aimerais également ajouter que vous êtes chacun une cellule de la Vie universelle et que l'être que vous représentez est entièrement codifié. Dans chaque cellule humaine, c'est-à-dire vous, nous avons déposé une partie du grand plan. Ainsi, quand nous arrivons à réveiller l'une des cellules humaines et que nous la mettons en présence d'une autre en phase d'éveil ou déjà éveillée, les informations entre ces deux cellules se mettent en syntonie et voyagent autour de la planète, ce qui favorise la transformation de la qualité de lumière résidant sur terre. Actuellement, les Maîtres réalisés ou non, les enseignants, les Forces primordiales, tous les êtres installés dans le vœu de conduire cette planète vers son plein couronnement tentent par tous les moyens d'amener toutes les cellules humaines qui s'éveillent à se rencontrer afin que ces informations vibrent selon la résonance magnétique et ensemencent cette planète, car Urantia attend le réveil de ses codes.

Vous devez maintenant bien saisir que si vos frères installés dans le moteur de la dualité, du pouvoir et de l'abus de conscience sont très actifs, c'est qu'ils savent qu'en ce moment même se répand sur votre Terre une nouvelle source d'information permettant l'émergence d'un esprit beaucoup plus florissant. Aussi, je vous invite à comprendre que tant que vous combattrez la dualité, vous la renforcerez.

En ces instants où tout est permis, où nos espoirs prennent corps ici, nous voulons vous préciser que la dualité a été votre tremplin, mais aussi une matrice où vous cacher afin d'être en sécurité, car les codes inscrits à l'intérieur de cette bulle humaine que vous représentez sont si importants et capitaux que les êtres désireux de maintenir le jeu duel dans tout ce Cercle atomique de Vie ont préféré rechercher ailleurs qu'en vous.

C'est seulement par l'émergence de vos esprits et de votre lumière qu'ils sont en train de prendre conscience que vous représentez en réalité le plus grand danger.

Ils ont cherché à faire de vous des esclaves afin de se nourrir pleinement de votre lumière et de votre énergie, mais ils en avaient besoin sur le plan le plus bas de leur expression. Et voilà que par notre présence et du fait que nous faisons vibrer cette lumière qui réside là, dans votre personnalité, ils prennent conscience que nous avons effectué le plus grand dépôt de tout l'Univers à l'intérieur même de votre corps. Alors, sachez aussi qu'au fur et à mesure que nous vous tendons comme les cordes d'une lyre et que nous jouons à l'intérieur de vos énergies et sur celles-ci pour obtenir la plus belle des musiques célestes, ces êtres en soif de pouvoir s'efforcent par tous les moyens de décrypter les informations contenues dans vos cellules. Voilà pourquoi ils tentent une succession d'interventions sur votre corps physique, afin d'y avoir accès.

À l'intérieur de vos laboratoires se joue une course effrénée en vue de conserver le pouvoir et une mainmise sur l'expansion de votre lumière, le rayonnement et le perfectionnement de votre corps physique. Et il est vrai que vous êtes actuellement soumis à des radiations volontaires par ce même groupuscule humain, en une tentative d'enrayer l'expansion et l'allumage de la lumière, car ses membres surveillent attentivement chaque être et chaque émergence lumineuse. Ayant su créer des machines, ils sont capables d'évaluer l'évolution de vos vibrations et de votre radiance. Pour eux, vous représentez un danger qu'ils se doivent de surveiller. Partant, ils essaient aussi de créer des antidotes en vue de garder leur puissance sur cette planète.

Si je m'approche en ces instants, peut-être parce que vous m'avez appelée, c'est pour vous dire qu'un grand espoir existe, car ces êtres sont encore cantonnés dans l'approche technologique alors que vous vibrez déjà sur la longueur d'onde, les codes, de l'Amour !

Et c'est par l'Amour que vous extériorisez une multitude d'informations. Elles se déversent, et voilà que le Verseau, ou plutôt la cruche de ce Verseau, remplit sa fonction. Voyez-vous, le Verseau se situe bien sur cette terre et, en vérité, vous, humanité en cours d'éveil, occupez pleinement ce poste de verseur d'eau. Cette eau nouvelle, codifiée, transmet à la planète Urantia les nouveaux archétypes dont elle a besoin pour laisser sortir de ses propres cellules d'autres archétypes, d'autres codes qui assureront la transformation complète de l'esprit de votre Terre, de l'humanité, et de ce système solaire.

Je viens vous annoncer que tous les espoirs sont permis puisque vous êtes de plus en plus nombreux à laisser passer la force d'Amour et de Lumière depuis votre cœur. Cela souligne la syntonie entre une multitude de codes et le fait que le grand Cristal humain de cette humanité dévoilera ainsi son visage, sa force, sa luminosité, sa tonalité, son parfum et sa note de musique qui s'alignera sur le Cristal de la Terre.

Par conséquent, au lieu de vivre la dualité, nous verrons émerger un duo extraordinaire entre deux Cristaux, celui de la Terre qui, lui, est très actif actuellement, et le Cristal de cette humanité en train d'émerger. Ces deux Cristaux fusionneront pour ne laisser échapper qu'une seule note de musique ou tonalité, mais ils fusionneront également l'ensemble des codes détenus par la Terre et par vous, humanité qui vous éveillez.

Alors, voyez-vous, si votre regard est encore attiré par toutes ces formes dramatiques que vit l'humanité, je vous demande de comprendre qu'il y a aussi de quoi donner de l'amour, de la compassion et appeler la lumière afin que votre humanité puisse traverser les événements avec plus de douceur. Mais il est surtout temps — et c'est ce que je viens exprimer en cet instant — de détacher votre regard de ces événements douloureux, non pas pour devenir *égoïstes* et ne plus agir envers vos frères et sœurs, **mais pour vous détacher du moteur de la dualité qui vous maintient ancrés à l'intérieur des trois premiers chakras.** Tous les événements qui se vivent présentement au sein de votre humanité sont là pour tenter de réveiller votre esprit, d'induire des réactions dans vos glandes supérieures et de vous propulser dans ce moteur de l'Amour qui, seul, ouvrira les portes à tous ces codes déposés dans chacune de vos cellules.

Votre corps physique est constitué d'une multitude de cellules codifiées. Imaginez-vous la portée de tout cela ? Multipliez ces codes par le nombre d'individus dans votre monde, et vous verrez alors la somme de connaissances que nous avons glissée en vous ! En réalité, nous avons encodé tout notre savoir à l'intérieur de vos cellules, de vos bandes mémorielles et, en ce moment, nous en sommes à en activer l'émergence. Nous travaillons pour qu'en vous, l'humanité vivant dans la troisième dimension (ce que vous appelez la difficulté dans ce quotidien qui, parfois, vous incite à souhaiter être ailleurs), et au cœur même du quotidien, nous puissions déposer une connaissance colossale de notre savoir. Et ce, pour faire de cette planète un réceptacle de toutes les connaissances déployées à l'intérieur de ce Cercle atomique de Vie.

En ces temps, nous avons envoyé nos enfants ici, puis déposé à l'origine une partie de notre connaissance dans ces cellules de nous-mêmes. Désormais, nous nous dépêchons autour de cette planète, et chacun des Maîtres réactive à sa manière les connaissances qu'il a lui-même inscrites dans les cellules de ses enfants.

Voilà pourquoi se produit une foule de réveils et vous recevez, en ce moment, une multiplicité d'informations vous révélant l'ampleur de votre destinée, de votre personnalité. Cela a un but bien particulier : vous faire dépasser le moteur de la dualité et venir chercher cette planète, pour l'instant dans la troisième dimension, afin de l'installer rapidement dans la quatrième dimension, celle de l'Amour. Toutefois, cela n'est pas suffisant, car nous devons dès à présent vous donner les informations relatives aux cinquième et sixième dimensions. Là, dans un très court laps de temps, nous préparons votre corps à recevoir les forces électroniques, atomiques et subatomiques.

Nous tentons de transformer pleinement celui-ci, de manière qu'il devienne l'ancrage parfait de cette multitude, de cette expression tellement magnifiée que vous pourrez, au moment où vous mettrez les pieds dans la sixième dimension, appeler un autre réveil d'informations toujours tapies dans vos cellules.

Aussi, nous nous employons à vous le répéter : le moment est venu pour vous de déposer la peur de vivre, de bien saisir que le concept de mort est un moteur créé de toutes pièces en vue de briser votre parcours et de vous maintenir dans l'oubli de votre personnalité.

Car, voyez-vous, bien installés à l'intérieur de votre personnalité, vous avez à votre disposition un nombre considérable d'années non interrompues. Et quand cela devient effectif dans votre vie, au moment de l'émergence d'une pensée, vous pouvez en faire le tour et accueillir le savoir relié à cette reconnaissance d'information, puis devenir chacun une pensée réalisée et couronnée.

Nous vous proposons de transcender vos limitations, de dépasser le moteur de la dualité et de vivre immergés dans le savoir de vos cellules.

Ce qui vient vers vous n'est autre que l'illumination de toutes ces portes vous donnant accès aux informations contenues et déposées par nous dans vos bandes mémorielles. Cette période, fort courte dans le temps, est d'une importance capitale. En effet, nous sommes si nombreux autour de vous que nous avons décidé de fusionner nos radiances de manière à faire vibrer toutes les informations, toutes les connaissances, tout le savoir qui nous animent.

Imaginez que nous sommes nombreux autour de votre planète ayant eu un jour une action décisive sur vos corps.

Et imaginez tous ces êtres reliés par le cœur, décidés enfin à travailler main dans la main dans un but commun, et rassemblés là, dans un espace réduit de ce Cercle atomique de Vie.

Imaginez que nous sommes ainsi penchés sur vous, non plus en vue d'étudier ce que vous ferez mais penchés vers vous pour vous offrir ce mariage de nos énergies.

Nous sommes en train de rayonner vers vos corps, vers vos portes, vos lumières, vos vibrations. Ce mariage, que croyez-vous qu'il induise ? Une multitude d'hommes et de femmes s'éveillent tout doucement aujourd'hui, et un autre groupe, ayant amorcé son éveil il y a une quinzaine d'années, est propulsé vers une autre strate de fréquence. Eh bien, main dans la main, vous vous apercevrez que vous allez unir toutes les informations déposées en chacun de vous et que vous les rayonnerez également toutes. Vous voyez peut-être le progrès radical qu'il va y avoir ; nous sommes déjà à émettre cette radiance qui vient vous chercher et qui permettra à chaque cellule d'extérioriser la connaissance tapie en elle !

Chacune reconnaîtra cette somme de savoir, puis toute cette connaissance se mariera de cellule en cellule, d'être en être, et, un jour, vous mettrez enfin votre main dans la nôtre et, ainsi, votre connaissance et la nôtre se marieront. Comprenez-le bien, vous avez acquis l'expérience dans la matière, glané la reconnaissance. De notre côté, nous avons simplement déposé la connaissance de nous-mêmes, de nos forces. Par l'expérience, vous avez reconnu, identifié ces forces reposant en vous. Ainsi, dans un temps assez proche, nous unirons notre savoir et la somme de connaissances que vous avez recueillies dans la matière, dans l'expérimentation. Puis, ensemble, nous ferons rayonner ce savoir et ce vécu jusqu'à d'autres strates, d'autres planètes, d'autres humanités. Ensemble, nous créerons d'autres réservoirs de savoir et nous pourrons œuvrer dans d'autres lieux pour y accueillir encore un vécu qui viendra enrichir l'Être que nous sommes.

Alors, vous vous rendrez compte que le moteur de la dualité a été votre force protectrice et que vous vous en êtes nourris jusqu'à ce qu'il soit l'heure pour vous de déposer cette matrice, de revêtir ce vêtement du savoir et de la connaissance qui vous appartient depuis votre naissance primordiale.

Je vous informe donc qu'en ces heures, nous travaillons à extérioriser toutes les connaissances que nous avons déposées, à l'état latent, et que vous accueillerez et marierez à votre connaissance acquise par l'expérience. En fait, votre expérience sera magnifiée par ce savoir initial, lequel sera couronné par votre vécu, cet acquis que vous déposerez sur cette connaissance offerte jadis. Voilà comment, dans le présent, vous couronnerez le passé et induirez dans le futur l'ouverture grandiose que nous attendons. Nous savons que cette ouverture aura lieu tôt ou tard. Elle est là, déjà inscrite ; elle a été programmée et elle prendra vie.

En ces instants, par votre humanité, nous avons la possibilité d'approcher cette ouverture. Comprenez que nous, Forces primordiales, Créateurs, Maîtres réalisés, Pères/Mères qui avons déposé tous nos espoirs en vous, sommes sur le point de recueillir le fruit de notre travail, de notre labeur, de notre confiance, comme de notre rejet envers vous.

Puisque, de toute façon, il a fallu autant vous rejeter que vous accueillir, vous protéger et vous nourrir, puis vous laisser dans l'ignorance. Tout cela s'est avéré nécessaire afin que vous ayez la force d'avancer vers le néant et de découvrir ce qu'était la matrice de la densité, de recueillir la reconnaissance d'un savoir acquis par l'expérience.

Vous êtes nos enfants, vous représentez ces réceptacles dans lesquels nous avons déposé une somme considérable d'informations incommensurables d'une grandeur telle que vous ne pouvez même l'envisager encore. Oui, bien sûr, vous avez été nos espoirs, nos griefs, mais vous avez également été tout ce que ces maîtres en phase d'être reconnus, ou déjà reconnus, ont émis à l'intérieur de leurs pensées sous la forme d'espoir, de crainte, de peur, d'allégeance, ou de rejet.

Sachez donc que dans votre vécu actuel, dans cette remontée mémorielle de vos cellules, une partie de ce que vous évacuez appartient à votre Père/Mère, à ces Maîtres réalisés en phase d'être couronnés et à ces Maîtres reconnus, à ces Créateurs et à ces Maîtres généticiens ou mathématiciens. Toute cette lignée d'Êtres célestes que vous ne voyez pas avec vos yeux de matière, mais qui vous ont créés, vivent en vous, que vous l'acceptiez ou non.

Tous, si vous êtes tiraillés, sachez que cela est dû parfois à votre propre personnalité mais également à celle de tous ces êtres que je viens de mentionner. Ne devenez pas agressifs devant cette révélation, ne nous rejetez pas à votre tour ; intégrez plutôt les cheminements de ces êtres qui ont permis l'émergence de cette possibilité. Car vous voici devant la porte de tous les possibles, et ce, grâce aux êtres qui se sont donnés au service, qui ont accepté d'ancrer l'Amour, d'être des Créateurs, de vivre les limitations de leur être jusqu'au moment d'un possible dépassement.

Un jour, vous serez des créateurs venus prendre place à nos côtés et, voyez-vous, en tant que tels, vous vous présenterez avec votre bagage, votre parcours dans la densité. Lorsque vous créerez à votre tour, vous déposerez donc les germes de savoir et de connaissance reçus lors de l'expérience. Et puisque vous les déposerez à l'intérieur des cellules, des bandes mémorielles de ces enfants que vous engendrerez, n'oubliez pas que le vécu, le savoir, contient également le parcours franchi par le créateur, en l'occurrence, votre difficulté, votre aisance, vos pleurs, vos joies.

Ainsi, dans ce qui remonte de vos mémoires, de vos cellules se dégage bien le parfum du cheminement de votre Père/Mère, de votre guide, de tous les Créateurs à mes côtés, mais aussi des êtres issus du monde fini.

Comme vous êtes présentement à un rendez-vous important, je vous demande d'éprouver de l'amour pour toutes ces informations déposées en vous, même celles qui sont issues du monde fini, de la souffrance, car vos Pères/Mères, vos Créateurs ont dû passer par le moteur de la souffrance. Ce fut du moins le cas pour beaucoup d'entre vous. Je vous demande justement de comprendre qu'il vous est possible d'incarner la douceur à l'intérieur du cheminement. Si vous parvenez à ancrer cette réalité, vous pourrez dès lors transmettre un moteur bien différent aux créatures auxquelles vous donnerez naissance. Vos enfants pourront, à ce moment-là, cheminer dans le moteur de la douceur et non celui de la souffrance.

Oui, en cette période si particulière, alors que tout est possible, que les portes s'entrouvrent pour nous et pour vous, nous vous disons qu'une part de votre souffrance est reliée à nous. Si vous en êtes à l'éliminer, essayez de faire preuve d'amour, de douceur envers nous, et d'un peu de compassion afin que, par votre biais, nous puissions guérir une part de notre cheminement. Ainsi, en vous accompagnant encore et toujours sur le chemin de vos découvertes, nous pourrons guérir totalement notre Être et devenir une autre bande de fréquence. Quant à vous, vous prendrez nos places, car nous les aurons libérées.

Les humanités à venir viendront se mirer, se refléter dans l'expérience qui aura été la vôtre. Vous serez leur point de repère, leurs *dieux,* leurs créateurs et leurs maîtres. Puisque vous aurez peut-être réussi à installer le moteur de la douceur, le moment sera venu pour ces humains d'extérioriser de leurs cellules les énergies liées au cheminement qui a permis d'accueillir ce vécu, ces informations, ce savoir. Ils trouveront sur leurs pas non plus des larmes de douleur, mais de joie.

Voilà ce à quoi nous venons vous convier en cette heure : à prendre conscience de votre possibilité d'incarner totalement le moteur de la douceur dans votre cheminement.

C'est là un héritage éventuel pour vos descendants et, heureux de l'instant, nous sommes dans la joie et l'allégresse de voir s'effriter l'héritage lié au moteur de la souffrance, ravis de le voir rentrer dans l'oubli, de voir toutes ces parcelles de vie se désolidariser les unes des autres pour pénétrer la matrice du monde infini, entrer dans le cœur du Cœur de ce qui est l'incréé et se repolariser dans le but de repartir un jour en voyage et de servir la Vie autrement.

Vous avez plein pouvoir en ce moment pour guérir le moteur de la souffrance.

En définitive, je souhaite que vos larmes deviennent des larmes de joie, que vos ressentiments se transforment en sentiments, que vos cicatrices se changent en rubans de lumière et de beauté afin que vous puissiez offrir à la Vie et à vos descendants un substrat qui rappellera l'enchantement de votre parcours.

14

Répondre à et dans l'urgence

Votre planète s'apprête à connaître une période intense où, effectivement, tout ce qui vit sur elle comme en elle passera par le Feu de la transmutation. Et rien ne pourra échapper à ce rendez-vous.

Par conséquent, vous aussi rencontrerez le Feu et devrez vous asseoir et dialoguer. Vous ne pourrez plus imposer votre point de vue et vous serez obligés de faire le bilan de votre vision de vous-mêmes, de vous dans la vie et du but que vous projetez. C'est un rendez-vous important, incontournable certes, mais bénéfique quand vous vous lèverez enfin et que vous saluerez cet élément.

Oh! vous ne serez pas seuls pour aller à la rencontre du Feu, car vos guides et vos anges seront très près de vous, de même que d'autres êtres.

Ainsi, il ne sera plus possible de vous cacher, de faire semblant, car là où vous vous rendez, la transparence vous attend. On vous a d'ailleurs annoncé cela de mille et une façons.

Aujourd'hui, nos mots sont un peu plus clairs et nous vous informons davantage sur ce qui vient.

En l'occurrence, je voulais vous informer que votre Terre sera soumise à des pressions extérieures afin de libérer toutes les charges qu'elle a retenues et qui l'empêchent d'être pleinement installée dans sa lumière. Cette planète a déjà quitté sa trajectoire; elle s'avance dans les cieux selon un mode unique et, déjà, vos étoiles, vos points de repère ne sont plus en place. Si vous observez avec honnêteté les signes extérieurs, vous constaterez que vous êtes parvenus à la fin de ces temps qui furent annoncés de diverses manières, par un prophète ou l'autre, en utilisant des expressions différentes.

Le grand rendez-vous va sonner, nous le devinons, il est presque là! Encore un tout petit peu de temps, juste assez pour vous permettre d'effectuer une grande progression en vous, mais pas assez pour flâner et croire que vous avez encore le loisir d'ignorer ce qui vient vers vous. Les signes dans les cieux sont déjà inscrits. Vous en verrez d'autres, bien sûr, mais puisque vous n'avez pas su les lire à temps, eh bien, je vous conseille cette fois de diriger votre regard à l'intérieur de vous, en toute conscience, sans complaisance et d'œuvrer à trancher ces liens qui vous empêchent d'être centrés dans vos forces. Ne croyez pas que mes mots sont prononcés à la légère, car vous devez bien saisir l'importance du rendez-vous qui se présente.

En appelant la Paix et l'Amour comme références sur cette planète, j'ai quelque peu tempéré ce rendez-vous, à la condition toutefois que vous fassiez en vous-mêmes une place bien plus grande à ces deux qualités d'être.

Vous serez donc sollicités de plus en plus, et la pression tombera aussi de plus en plus sur vos épaules. Oh, d'une manière ou d'une autre, avec un visage qui ne tiendra parfois que quelques secondes, pour aussitôt laisser place à un autre mode de pression. De toute façon, votre avenir immédiat n'est pas facilité puisque vous n'aurez guère le temps désormais de revoir véritablement tout ce que vous n'avez pas accepté de revoir une première fois, et il vous faudra souvent prendre position dans l'urgence, oui, *dans l'urgence*. Et même si mes mots peuvent sembler mystérieux en ces instants, vous comprendrez vite que leur signification était déjà complète.

Plus nous nous rapprochons de vous, plus la planète se rapproche de ce rendez-vous et plus vous serez confrontés à tout ce que vous n'avez pas visité, à toutes les compréhensions que vous avez refusé d'aborder. Vous devrez ainsi regarder combien vous vous êtes laissés aller, combien vous vous êtes laissés endormir par des belles paroles, par la proposition d'une vie facile. Et à force de glisser de facilité en facilité, vous voici piégés dans un mode de vie qui commence à vous peser sérieusement. Les mois qui se présentent à vous vont secouer toutes vos torpeurs et les énergies qui, jusqu'ici, restaient éloignées de vous, se rapprochent. Des énergies déstabilisantes certes, mais, justement, puisqu'il est question de déstabilisation, vous pouvez déjà enclencher une stabilisation profonde de votre être.

Chaque fois qu'une turbulence viendra frapper à votre porte, essayez d'aller puiser la qualité inverse au plus profond de votre être. Si on cherche à vous leurrer, eh bien, aiguisez votre regard ; s'il s'agit de paroles mensongères, cherchez la vérité. Et si on tente de couper vos racines avec la Terre, implantez des racines fortes dans le sol, dans le ciel, dans votre être, par un moyen ou l'autre (la respiration, la visualisation, la méditation, etc.).

Recherchez toujours la qualité divine qui est sollicitée en vous. Ne vous attardez pas tant à identifier comment ces forces s'y sont prises pour vous éloigner de votre personnalité. Reconnaissez l'expression envoyée dans ce but et, surtout, travaillez à renforcer cette qualité divine. Devenez la qualité divine incarnée. Et je vous le demande : ne vous arrêtez pas au mensonge, devenez la vérité. Ne soyez plus aveugles, développez votre vision intérieure, aiguisez vos sens.

On tente d'embrouiller votre organe de pensée ! Eh bien, renforcez votre discernement ! On vous a offert de très beaux jouets pendant que certains jouaient une guerre en douce, créant des conflits uniquement pour détourner votre conscience de ce qui se tramait dans le silence. Ces hommes et ces femmes viennent vous parler en laissant croire qu'ils cherchent à installer la paix, la conscience et la fraternité, qu'ils œuvrent en ce sens. Leurs mots ne servent qu'à cacher leur acte, qui vise, justement, à détruire tout ce qu'est la Vie, afin de vous amener dans un état pitoyable, sous l'esclavagisme le plus total, soit faire de vous des êtres serviles ! C'est déjà commencé, avec subtilité, mais ne croyez pas que cela va s'arrêter là. Cela deviendra vraiment tangible ; vous mettez déjà des chaînes et des colliers à vos animaux ! Eh bien, dans peu de temps, vous verrez que des chaînes, des colliers bien physiques vous seront proposés et, là, vous serez comme ces bêtes et non plus des êtres humains.

Non, je ne désire pas clôturer cet instant sur une note pessimiste. Je tiens simplement à vous avertir que se joue, en ce moment, un acte historique dans la libération de cette planète.

J'ajouterai cependant que toutes les fraternités déjà installées dans la Lumière divine, œuvrant pour elle, travaillant pour l'amour et la fraternité, sont là, autour de cette magnifique Terre. Elles se penchent vers vous, sur vos corps malades, en vue de rétablir véritablement la pleine santé, les pleines fonctions de ce qui vous a été remis il y a fort longtemps. Nous venons dans le but d'accélérer votre libération, mais voulez-vous être libérés ?

Nous apportons avec nous une connaissance élevée des lois universelles, mais voulez-vous connaître ces lois ? Nous venons le cœur débordant d'amour et de liberté, mais aspirez-vous à l'amour universel ? Désirez-vous vivre comme des êtres libres ?

Nous venons en vous proposant un mode de vie où il n'y aura plus de dépendance, mais souhaitez-vous couper tous ces liens de dépendance ?

Voilà le type de questions qui vous seront posées d'ici peu, non pas globalement mais individuellement. Chacun de vous, à son rythme, sera confronté à ces questions. Tous, vous devrez répondre, là, dans l'urgence, et il ne vous restera que peu de temps pour choisir clairement votre position.

Il vous reste encore de l'espace pour éclaircir ce que vous souhaitez et la manière dont vous voulez progresser. Profitez donc bien de tous ces moments calmes où il vous est encore possible de clarifier le but, la vision de votre vie. Cela vous aidera grandement dans les perturbations qui viennent. Mais je dois vous signaler ceci : certains êtres, qui savent parfaitement quels types de perturbations sont susceptibles de survenir sur cette planète, ont préparé des lieux où se retirer pour protéger leurs corps physiques. Ils n'ont aucun souci par rapport à vous ; à leurs yeux, vous n'êtes que du bétail, et si vous périssez au cours des intempéries à venir, ils s'en moquent.

Alors, je vous le dis : il est peut-être temps de penser à votre vie, de comprendre que vous êtes des êtres de lumière respectables, honorables et qu'il est temps de réclamer ce respect auquel vous avez pleinement droit. Vous avez l'aide des guides, des anges, profitez donc de ce partenariat ! Soyez à l'écoute, pas toujours de mots, mais de ces impulsions qu'ils vous envoient pour guider vos pas vers des endroits où vous serez en sécurité.

Le **Canada** vivra aussi une déstructuration ; pourtant, il vous est possible, dans ce sol, dans la fraternité qui se dégage petit à petit, de vous unir, d'unir vos lumières pour implanter un phare d'une grande puissance et, ainsi, protéger ce pays. Ah, j'oubliais ! Vous n'êtes pas des Canadiens, mais des Québécois, et je faisais référence ici au Québec. Car tout le Canada ne sera pas traversé par les mêmes épreuves, et le Québec a un devenir certain.

Il y a, à la surface de cette planète, des endroits qui ne survivront pas à la transformation. Ils se sont eux-mêmes inscrits de cette manière, il en a toujours été ainsi dans ces rendez-vous. Quand ces moments arriveront, ayez simplement de la compassion, de la lumière et de l'amour à donner.

Vous ne pouvez changer cela maintenant ; par contre, vous êtes à même de modifier la vision que vous aurez de ces instants. Si vous commencez dès à présent, vous permettrez à certains des êtres touchés par ces événements de mieux vivre, et donc de moins souffrir dans les épreuves.

Oh ! La France, elle, traversera une période de tribulations. Si vous, qui êtes de l'autre côté des mers, pouvez avoir un regard sur les événements qui vont s'y dérouler, profitez-en donc pour envoyer de l'amour, de la paix et de la lumière au peuple français.

Nous allons inviter chaque pays à regarder un pays voisin. Nous convierons ainsi chaque nation à entrer dans la fraternité, dans l'écoute et nous verrons alors quels pays se débrouilleront le mieux avec ces impulsions, ces demandes.

Je vous le redemande : dès à présent, envoyez de l'amour à l'être que vous êtes, de la compassion pour ce qu'il a vécu dans le passé, de la lumière afin qu'il s'engage sur le chemin aplani du futur. À ce moment-là, chacun de vous sera bien plus disponible pour aider ceux qui en auront besoin. Je vous avertis d'événements qui auront lieu, mais je vous encourage à ne pas vous arrêter à des dates précises, car il suffit parfois que l'un ou l'autre d'entre vous se lève pour que l'événement soit aussitôt reculé, transformé, ou même annulé. Par contre, vous ne pourrez absolument pas transformer le rendez-vous qui vient, crucial et majeur, puisque c'est celui de votre planète. Mais il vous est possible de l'accompagner et de faire en sorte que cet événement majeur dans sa vie ne soit pas, pour une fois, synonyme de catastrophe totale.

Ici, **je vous invite à un partenariat** et à la construction de votre avenir. À être l'avenir de cette planète. Je vous convie à déverser de l'amour, de la paix, de la compassion, de la lumière, de sorte que chaque membre de cette humanité soit capable de puiser à volonté dans ce moteur et puisse se transformer.

Nous n'avons que peu de temps, vraiment peu, pour installer l'Amourpaix.

Nous ne l'installerons pas dans sa forme la plus élevée, mais nous nourrirons au moins l'embryon que cette humanité a déjà développé et remis à la Vie.

Je viens donc aujourd'hui vous inviter à grandir cet état embryonnaire et à lui donner un début de visage. Je ne peux vous informer ni vous conseiller dans cette œuvre, ne pouvant que stimuler votre esprit, votre envie et, ainsi, enclencher une réaction chez vous qui privilégiera une action ou une autre.

C'est bien un partenariat volontaire et conscient que je propose à cette humanité, de manière à offrir le plus de sécurité possible dans la transformation majeure de cette planète.

Il s'agit bien d'un appel profond de mon être pour cette humanité, et je sais déjà que certains d'entre vous vont réagir.

N'attendez plus rien de vos gouvernements, car ils n'ont jamais eu l'intention de vous offrir la paix, l'amour et la fraternité. Vous ne pouvez que compter sur vous-mêmes, et si vous n'avez rien à donner sur le plan physique, vous avez au moins dans votre cœur, dans votre esprit et dans votre âme toute l'énergie et la beauté de l'amour et de la paix envers vos autres frères et sœurs. Il n'est plus temps de regarder votre gouvernement en place ni de lui jeter la pierre. Il est l'heure de vous regarder les uns les autres et de voir comment vous allez vous y prendre pour vivre en harmonie au quotidien malgré vos différences. Il s'agira donc bien de respect, peut-être même d'entraide, mais d'une entraide sur un autre plan. D'une manière ou d'une autre, il s'agira de glisser votre main dans celle de votre voisin ou de votre voisine.

Oui, l'esprit est aujourd'hui en pleine transformation et il y aura transmutation de tout ce qui n'est pas axé sur l'Amourpaix, la fraternité, l'échange, le respect.

Ainsi, à l'intérieur de votre être, nous allons vous solliciter afin que vous cherchiez la lumière correspondante et la laissiez fusionner en chacune de vos cellules pour qu'elle s'extériorise tel un phare immense éclairant l'humanité entière. N'oubliez jamais que chacun de vous est un enseignant à part entière au sein de cette humanité, qu'il porte en lui un devenir tout à fait exceptionnel et personnel.

Si vous mettez toutes ces possibilités l'une à côté de l'autre, vous vous rendrez compte que vous ferez éventuellement un bond quantique dans la compréhension de la conception de votre humanité. Et il s'agit bien de visiter le concept qui fut émis avant la création de cette bulle d'étincelles de Vie. Dans ce concept repose une vision précise, un but déterminé, et les codes nécessaires pour y parvenir existent forcément. Ces codes sont avant tout d'ordre mathématique ;

ils sont donc sûrs, tangibles, et vous serez en mesure de les utiliser. Il suffit de retrouver l'ordonnancement de ces codes, lesquels sont à l'intérieur de vous.

Attention ! Tous les codes qui vont vous être restitués par l'un ou l'autre de vos frères ne seront pas forcément des codes d'élévation. En effet, il y a aussi des codes pour verrouiller l'élévation d'une âme et d'un esprit.

Aussi, je vous incite à la **prudence** et au discernement, encore et encore ; je vous conseille observation et interrogation.

Si vous mettez ces moteurs en place, vous éviterez les rendez-vous désagréables. De toute manière, la Vie n'est qu'un assemblage de codes mathématiques. Comprenez que de là ont découlé les formes géométriques dans lesquelles vous vous mouvez. Cela signifie également qu'à l'intérieur de vous, toutes les formes géométriques répondent à un code précis.

Allez chercher ces codes en vous ; vous ne mettrez peut-être pas les chiffres en évidence, mais vous pourrez, avec beaucoup plus de simplicité, trouver la porte qui vous y conduira.

Soyez à l'écoute de ce qui vit en vous, de ce qui repose en vous et de ce qui vous attend. Voilà ce que je voulais souligner aujourd'hui.

Sans doute préférerez-vous chercher l'existence d'une porte plutôt qu'une autre, cela n'a pas d'importance. Ce qui compte, c'est de tourner votre regard à l'intérieur de vous et de décider de bouger dans votre géométrie sacrée personnelle. Dans ce cas, vous ne ferez aucune erreur, vraiment aucune !

L'erreur viendra de l'extérieur ; mais, en même temps, de l'extérieur viendront toutes les impulsions requises pour vous inciter à tourner votre regard vers l'intérieur.

Dans les mois à venir, quand vous poserez votre regard sur l'extérieur, ne croyez pas que tout ce que vous verrez sera la vérité, car une part d'illusion côtoiera une part de vérité et il vous faudra démêler cet entrelacs parfois immense par ses ramifications.

En définitive, ce travail de fourmi vous amènera à la plus belle des réalisations.

Et si vous voulez nous appeler, dirigez votre appel à l'intérieur de vous, et nous répondrons. Plus vous vous disperserez vers l'extérieur, moins nous répondrons, car nous voulons justement que naissent de l'intérieur ce regard et cette attitude justes où nous pourrons vous rencontrer.

Allez en paix et dans l'amour, utilisez le moteur de l'Amourpaix et soyez sincères envers vous-mêmes et la Vie.

Vous ferez alors assurément le tri des rendez-vous dans votre vie extérieure.

15

La porte du grand rendez-vous

Vous êtes, nous sommes, en attente. Vous êtes et nous sommes en attente. Vous êtes et nous sommes en attente... Voilà! En peu de mots, j'ai décliné vos tendances.

Quand j'ai utilisé la première expression, plutôt grave, vous avez tenté d'en cerner le sens : *C'est sérieux!* La deuxième, je l'ai dite avec un peu plus de légèreté. *Tiens! C'est différent!* Puis, la troisième, je l'ai prononcée avec amusement. *Oh! Ce n'est pas si dur que ça, après tout!*

En quelques mots, je vous ai amenés à comprendre que par votre façon d'employer les mêmes mots, les mêmes phrases, vous transmettez une impression bien différente. Cela signifie également que l'oreille qui reçoit l'information va tenter de capter, au-delà de ces mots, le message subtil inscrit. Pourtant, dans aucun de ces trois modes d'expression, je n'ai glissé d'information. J'ai simplement eu recours à des tonalités que vous exprimez souvent : la gravité, l'interrogation et l'amusement.

Vous êtes tous et toutes dans l'attente de l'utilisation d'une tonalité qui vous amènera à comprendre, à décrypter le sens caché des mots utilisés. Je révèle, en quelques secondes, un moteur puissant par lequel vous tentez de vous exprimer. Autrement dit, vous êtes constamment dans l'attente d'un décryptage, d'une information vous permettant de saisir ce que votre interlocuteur tente de vous transmettre. Cela signifie que vous ouvrez grandes vos oreilles pour reconnaître le son.

Voici une grande vérité : au-delà des mots, vous êtes toujours en mode réception des informations contenues dans le son. Actuellement, les mots exprimés dans votre matière, votre quotidien proviennent de multiples sources. Vous disposez également d'une source d'information par le biais d'une bibliothèque qui ne cesse de s'agrandir. Mais, déjà, vos sens subtils vous disent qu'au-delà de la première image reçue par vos yeux et des mots captés par vos oreilles, vous ne savez pas bien reconnaître les informations subtiles.

Il est vrai que vous êtes en attente et que celle-ci n'est pas complète. Je voulais vous le signaler.

Par rapport à ce qui vient, il sera sage — ce sera même faire preuve d'une très grande sagesse — de diriger votre attention sur la tonalité de l'expression plutôt que sur sa forme, car votre verbe est avant tout vecteur d'une musique qui ouvre et ferme vos portes intérieures. J'ajouterai même qu'en réalité la musique contenue derrière les mots est la plus grande source d'information, que les informations reçues peuvent s'ancrer en vous non pas tant par les mots employés que par leur sonorité. Voilà pourquoi nous tentons de vous rapprocher de la pleine compréhension de l'expression, car elle ne se décline pas uniquement sous un seul aspect et, si vous désirez être complets, vous devrez réutiliser plusieurs aspects en même temps.

Aussi, puisque vous êtes dans l'attente de recevoir des messages, je vous invite à tendre l'oreille plus pleinement en vue d'accueillir à la fois le mot, le son et le code, qui sont reliés et ne peuvent être coupés l'un de l'autre. Sinon, l'information est morcelée et ne peut s'inscrire intérieurement dans la plénitude de votre être. Et vous êtes aussi une information vivante ; vous employez une forme corporelle qui est un signe, un code de reconnaissance extérieure ! Vous utilisez la tonalité et vous vous déplacez sur une note de musique personnelle. Vous êtes un centre de résonance, un centre d'émission et de réception, et votre forme, votre couleur, votre son et votre parfum se mêlent en permanence pour donner une syntonie particulière à l'être que vous êtes.

Ainsi, ce qui se passe à l'intérieur de vous vaut pour toute forme de création. Les termes représentent avant tout la forme du message, et il y a forcément une musique, une couleur et un parfum. Et comme c'est étrange, à l'intérieur d'une information nous trouvons la quadrature nécessaire à la base solide de l'envol de la Vie. Dès lors, nous pouvons affirmer que la création ne peut adopter une forme sans la base solide de cette quadrature.

Par conséquent, là aussi il y a des déclinaisons à l'intérieur de ce langage et le quatre prend vie d'une façon inattendue. Le quatre est bien la base d'expansion des quatre Forces créatrices qui s'unissent pour fournir une information sur laquelle vous naviguez pour atteindre la porte intérieure qui assurera votre couronnement. Fait intéressant à ajouter : cette porte est unique pour chacun. Certaines personnes passeront par la connaissance liée à une porte en résonance avec le foie, la rate, la glande pinéale, le thymus ou la thyroïde, mais certaines autres se serviront de la porte contenue dans le chakra de leurs mains ou de la plante de leurs pieds. Sachez donc que personne en ce monde, dans votre humanité, ne peut vous informer sur la porte à pousser pour parvenir à votre couronnement.

Tous les guides présents dans votre humanité ne peuvent, en l'occurrence, que vous indiquer une piste de reconnaissance. Par la suite, de rencontre en rencontre, de repère en repère, vous lâcherez leur main. Vous rejetterez ces repères et, forcément, les concepts liés à ceux-ci, puis vous verrez se démanteler le réseau de communication créé par le mental non apprivoisé pour vous égarer dans un labyrinthe vous amenant toujours à l'extérieur et non vers la porte tant souhaitée.

Alors oui, vous êtes en attente et nous le sommes. Vous, de la reconnaissance de la porte qui vous conduira vers votre couronnement, et nous, de l'instant où vous allez annoncer : «Vous voyez, vos points de repère, je les jette à la poubelle, car je n'en ai plus besoin, je n'ai plus besoin de vous!» J'attends cet instant où, un jour, l'un de vous se lèvera dans son intérieur et dira : « Soria, tu m'as conduit jusqu'à ce moment où je peux tourner le regard vers moi. Je prends donc ton message et le mets à la poubelle, car je t'aime assez pour nous libérer toi et moi!»

Oui, frères et sœurs de l'aventure, ô combien mon cœur débordera d'amour et de reconnaissance envers vous, car je saurai alors que j'ai réussi à vous amener à la porte de votre propre liberté, de votre couronnement.

Désormais, il ne restera qu'un acte et vous serez seuls pour le faire. Mais là aussi, vous trouverez encore des enseignements. Certains viseront à vous perdre dans le dédale de vos concepts mentaux pour que, justement, vous puissiez reconnaître exactement l'acte adéquat à cet instant magique de rencontre avec vous. Ne croyez pas que le jour où vous serez là, présents chacun devant votre propre porte, une main se posera sur la vôtre pour que vous osiez l'ouvrir enfin et passer de l'autre côté. Non, à ce moment tant attendu, nous allons au contraire nous retirer et assister en silence et dans le retrait à ce geste audacieux qui fera de chacun de vous non pas un être qui se replie, mais un être qui s'envole et démontre combien il est passé maître.

Eh oui, ce rendez-vous ultime en sera un avec vous! Mais au préalable, vous avez besoin de points de repère. Oui, d'un repère à l'autre, nous vous indiquerons les chemins à abandonner, les pelures à décortiquer, les vêtements dont il faudra vous dépouiller. Notre but à nous sera de vous montrer tout cela.

Nous ne sommes pas dans l'attente, telle que vous la concevez. Mine de rien, nous attendons plutôt l'instant où vous rencontrerez enfin, d'un œil dépourvu de toute impression, votre nudité intérieure, celle qui vous révélera enfin la beauté de votre radiance. Ainsi, de porte en porte, vous avez tous rendez-vous avec vous-mêmes. De porte en porte, vous reconnaîtrez les forces qui y sont inscrites. Vous devrez intégrer tout ce qui est lumière, puis aimer tout ce qui est ombre, afin que ni l'une ni l'autre ne soit rejetée et qu'ainsi, lorsque vous passerez dans la connaissance de la Lumière de Vie, ces deux pôles soient honorés de leur travail pour vous amener à cette pleine réalisation. Oh! Ce sont là des mots, encore des mots pour expliquer finalement la même chose. Mais de rendez-vous en rendez-vous avec la dialectique, vous pourrez comprendre que nous nous amusons enfin à choisir une forme ou une autre en vue de vous dépeindre le même paysage et de vous conduire ainsi, en douceur et en toute sécurité, vers la porte du grand rendez-vous : le grand saut quantique. Là, aucun mot ne pourra le décrire.

Alors, si jamais l'un de vos frères se lance dans l'aventure, soyez amour, compassion et, surtout, sachez que n'ayant pas fait ce saut quantique, il ne pourra vous le décrire. Quant aux maîtres qui l'auront fait, ils se garderont bien de vous en parler, car ils sauront à quel point cet instant instructif, révélateur est chargé de grandes promesses. Non, ce moment ne sera jamais révélé, de toute façon, par aucune source officielle d'Êtres pleinement couronnés. Le saut quantique restera un mythe jusqu'à ce que vous ayez la force de vous présenter à lui et de le vivre chacun. Vous devrez faire preuve d'amour, de lâcher-prise, être quelque peu un aventurier avancé et confirmé, puis avoir assez de fantaisie dans le cœur pour vous amuser de tout ce que vous rencontrerez.

Oui, il est bien question que l'on vous conduise un jour jusqu'à ce saut quantique. Et là, vous pourrez rire de vos scientifiques, de vos géographes, de vos mathématiciens, de tous ceux qui prétendent savoir et qui, en réalité, ne font qu'aborder un pan de la connaissance, et encore, car ce pan n'est absolument pas dévoilé dans sa totalité.

Je vous invite vraiment à découvrir tous les visages contenus dans un mot et à voir ces mêmes visages en vous. La force inhérente à un mot ne fait que révéler un visage de la force présente en vous.

Posez donc tous les mots connus de votre langue officielle, puis allez en chercher de nouveaux dans les langues voisines. Vous vous apercevrez qu'il y a là une déclinaison d'un paysage déjà beaucoup plus complet. Ensuite, dépouillez celui-ci de tous les sentiments humains posés sur cette révélation. Essayez de le laver de toutes ces formes et, enfin, écoutez ce paysage qui se mettra à jouer une mélodie non connue de vous, celle de votre mélodie intérieure.

Laissez-moi vous dire ici que si vous avez choisi de vivre en ce moment dans l'appartenance d'une race, d'une couleur et d'un langage, c'est bien pour recueillir un savoir contenu qui vous permet de réunir toutes les facettes de votre personnalité.

Si vous êtes aujourd'hui de la race blanche, c'est là un rendez-vous suprême, et ce n'est pas cette race qui vous permet de le vivre. Disons plutôt que tout ce que vous avez recueilli jusqu'ici vous permet enfin de vous asseoir dans cette race et d'écouter la multitude d'expressions contenues dans toutes les langues en vigueur sur cette planète.

Vous renverrez à votre tour un nouveau message et, ainsi, il ira se répercuter sur les autres langues qui pourront extérioriser une expression différente de la leur.

Allez! Vous êtes en pleine mutation. Il y aura donc également transformation des langues officielles de cette terre, et peu importe finalement ce qui sera retenu, car, voyez-vous, il s'agira bien d'une nouvelle mélodie. Oui, cette mélodie vous interpellera jusqu'au moment où vous comprendrez qu'elle n'est qu'un code d'accès à une porte intérieure, cette porte qui vous appelle depuis la nuit des temps, toujours la même. Au lieu de vous présenter directement à elle, vous avez préféré étudier l'enseignement relié aux autres portes de votre corps. Un jour, après en avoir fait le tour et les contours, il ne vous restera plus qu'une seule porte à étudier, celle qui vous attend depuis le premier instant et vers laquelle vous auriez pu vous diriger directement, sans encombre. Cela n'a pas été votre choix, mais, après tout, puisque vous avez décidé d'étudier la totalité de votre paysage intérieur, le film qui va se dérouler sera la quintessence de toutes les études, de toutes les reconnaissances liées à ces minipaysages.

C'est pourquoi je sais que je serai conviée à la plus belle des réalisations de cette humanité et que je pourrai lire son livre ouvert et visualiser son film inédit. Là, je serai heureuse, comblée dans mon cœur et dans mon esprit d'avoir participé à l'élaboration de cette œuvre.

Ce que je lis en vous en ces instants est merveilleux, mais ce que je sais de votre devenir est encore bien éloigné de ce que vous pouvez même envisager.

En ces heures, osez penser grand, réfléchir sans limitation, chanter un air inédit. Osez parler un langage qui dérangera les autres, osez être hors des moules. Car, finalement, c'est bien hors de ces moules que vous découvrirez la porte incontournable menant au couronnement de cette planète dans sa pure beauté, sa véritable expression, délivrant ainsi la note finale à laquelle se mêlera votre note intime.

En cela, vous serez une expression du parfum de cette planète qui répandra son odeur de sainteté à l'intérieur de ce Cercle atomique de Vie.

Ô combien elle est attendue dans ce couronnement si particulier !

Je vous invite ici à redécouvrir avec légèreté le paysage de vos mots pour accueillir en définitive sa pleine fantaisie. De la sorte, vous pourrez déposer le moteur de la gravité qui vous a tellement éloignés de votre centre de réalisation. Car, je le certifie, seule la fantaisie, ou la légèreté de la plénitude de savoir qui vous êtes, vous permettra de reconnaître la porte qui vous appelle.

16

La porte de toutes les nourritures

Nous voici rendus à l'intégration des énergies que je distribue autour de vous. Ces énergies viendront vous chercher, car elles sont toutes encodées d'une volonté particulière, celle de vous restituer la force de votre être, l'autonomie de vos propres énergies et de vous voir retrouver votre plein pouvoir de créateurs.

En effet, vous êtes des Créateurs incarnés sur cette terre.

Vous appartenez tous à une famille de Créateurs remplissant un rôle particulier. Venus avec tout un potentiel à déployer — une multitude d'informations disponibles à l'intérieur de votre corps —, vous n'avez qu'à puiser à volonté dans une cellule ou une autre.

En vous regardant évoluer, nous constatons que vous restez figés dans une attitude qui ne vous permet pas d'accueillir pleinement l'être divin que chacun de vous est. Vos portes d'accès aux données restent fermées, statiques et les informations se recroquevillent, faute d'être alimentées par un flux d'énergie nourrissant qui assure leur potentiel optimal. Vous êtes devenus l'ombre de vous-mêmes, l'ombre des créateurs qui se sont incarnés ici. Votre personnalité est bien triste de ne pouvoir pleinement jouir de toutes les forces qui l'entourent.

Ce que nous distinguons nous attriste parfois, mais nous savons que vous disposez du libre arbitre, que vous avez le choix constant d'utiliser ou non le potentiel, la force et l'expansion qui résident dans votre corps communautaire.

Il est peut-être temps de vous rappeler que vous habitez un œuf de lumière qui renferme tous les pouvoirs des univers réunis sous une forme ou une autre. Mais comme vous vous ignorez, vous avez oublié que vous résidez dans une émanation bioélectronique. Vous vous privez de cette radiance et, par conséquent, de cette source de nourriture grâce à laquelle vous pouvez plonger votre regard à l'intérieur, vers la source même, ou le tourner vers l'émanation bio-électronique. Il y a là, comme dans un livre ouvert, les informations nécessaires à votre expansion.

Il est intéressant d'aborder la vie de l'aura. Rappelons-le d'abord, l'aura correspond aux couleurs, à l'énergie, à l'électricité et à la radiance de vos corps subtils, qui ne sont pas à l'extérieur de votre corps physique mais à l'intérieur de celui-ci, bien protégés. Le corps physique peut recevoir des coups, mais si un corps subtil en recevait un dans la troisième dimension, il faudrait une multitude de vies pour réparer ce qui aurait été abîmé au moindre heurt, même léger.

Vous avez donc le choix d'aller puiser chacun en vous-même ou de lire à l'extérieur.

Qu'y a-t-il à lire à l'extérieur? Laissez-moi déjà vous dire que votre radiance libère des particules, des cellules construisant un corps physique ou subtil. Ces cellules émettent donc un petit rayon de lumière bio-électrochimique, et lorsque ce rayon est issu d'une cellule, subtile ou dense, cette dernière se projette et se mêle à toutes les informations provenant des autres cellules. Votre coque aurique est en fait une extraordinaire bande mémorielle où vous pouvez lire à volonté toutes sortes d'informations. C'est pourquoi les médecins holistiques s'attarderont à la lecture de votre aura, puisque tout y est inscrit. Ils ne se donneront pas la peine de pénétrer votre corps, et en cela ils ont raison, puisque votre habitacle est un temple sacré dans lequel on ne peut entrer sans votre autorisation.

Aussi, lire uniquement la bande magnétique de votre aura suffit ; cela permet à ces êtres de respecter la profonde identité qui repose dans votre corps communautaire.

Votre aura est constituée de plusieurs bandes de lecture, lesquelles correspondent simplement à la radiance de chaque corps subtil. Plus ou moins éloignée de la coque aurique, cette radiance — chaque bande — est composée de l'émanation des cellules formant l'un des corps. En l'occurrence, si vous voulez lire la mémoire du premier corps, attardez-vous à son aspect éthérique. Pour lire celle du corps émotionnel, recherchez la bande de lumière qui en est issue. C'est aussi facile que cela. Pourtant, toutes les informations, les lumières, les émanations bio-électrochimiques se marient entre elles et donnent lieu de décrypter toutes les interréactions entre une mémoire et une autre. Dès lors, il vous est parfaitement possible de lire votre passé et votre présent à partir de vos yeux subtils et, naturellement, d'être à l'écoute de votre futur. Il n'y a pas là de grand secret ; ce n'est qu'une grande vérité que vous ignorez encore et qui vous prive d'un savoir extraordinaire.

Si vous le décidiez, vous seriez à même de lire l'intérieur de votre coque aurique avec vos yeux subtils. Il suffit d'exercer cet œil ; il ne demande que cela ! Il y a tellement longtemps que vous avez déposé cet usage, cet exercice, que vous en oubliez le simple accès. Vous ignorez quel mécanisme déclenche cette vue subtile de votre être et vous rend apte, chacun, à recueillir des informations précieuses et à les mettre en pratique pour votre propre évolution.

Oui, nous sommes tristes parfois, car nous voyons se déposer tout autour de vous cette brume noirâtre qui vous éloigne de plus en plus de votre pouvoir, de votre fluidité, de votre identité. Pourtant, il y a un remède tellement simple ! Il consiste à vous détacher de l'humanité, ou plutôt de sa progression, et à reprendre les rênes de votre propre évolution. Nous avons constaté dans le passé que bon nombre de guides terrestres avaient décidé de vous priver de cette aisance, décrétant que toute volonté, toute tentative de faire appel à cette faculté était de l'égoïsme pur.

Permettez-moi, en ces instants, de parler de votre égoïsme humain. Ne réfère-t-il pas simplement au fait d'être attentif à ses propres besoins, ses propres désirs et de fermer quelque peu l'oreille devant le « brallage » extérieur de la multitude ? (Oh ! Je m'exprime presque dans le langage *québécois* ! J'en profite ici pour lancer un clin d'œil au Québec, ce pays qui, lui aussi, a un devenir formidable mais commence à peine à réveiller son potentiel.)

Pour les autres, *l'égoïsme humain* signifie donc ceci : Tu ne penses qu'à toi, tu n'évolues qu'en pensant à toi et tu nous laisses derrière. Voilà, grosso modo, ce qu'ils expriment en vous qualifiant d'*égoïste*.

Naturellement, il y a des degrés à l'intérieur même de ce concept humain créé de toutes pièces pour vous empêcher d'utiliser à votre gré votre propre pouvoir.

Alors, je tiens à le dire, je soutiens tous ces égoïstes actuels, non pas ceux qui souhaitent une mainmise sur les autres, mais bien tous ces *égoïstes* qui tournent leur regard vers l'intérieur d'eux-mêmes, ceux qui se disent : « Pour un temps, je vais simplement m'écouter afin de pouvoir reconnaître l'être que je suis. » Il est vrai que ces êtres ne vont plus forcément écouter les autres et répondront même, au gré de leur fantaisie, à tous les caprices auxquels ils n'ont pu céder par le passé. Nous sourions en sachant qu'il y aura, durant ce court laps de temps, une foison d'attitudes, de désirs et de réalisations qui combleront en apparence les carences du passé. Mais une fois ces gouffres remplis, eh bien, ces êtres comprendront petit à petit qu'en tournant leur regard vers eux-mêmes ils accèdent à leur propre source.

Oui ! J'ose accorder mon soutien à tous ces égoïstes qui souhaitent tourner leur regard vers eux-mêmes afin de décrypter le langage que la Vie a déposé en eux !

Je les appuie parce qu'ils ouvrent une brèche dans les dogmes créés par des humains recherchant une mainmise complète sur cette humanité pour l'empêcher de regagner ses lettres de noblesse.

Oui, j'approuve ces actes égoïstes grâce auxquels ces hommes et ces femmes sont enfin à l'écoute de leurs besoins, de leurs désirs, de leurs expressions et redécouvrent la possibilité d'être gais, joyeux, facétieux envers la Vie. On ne peut leur en tenir rigueur, car, en réalité, ils auront recontacté leur être, leurs guides et tous les plans d'en haut.

L'égoïsme, du latin *ego,* représente cette écoute que vous allez oser vous octroyer. J'aimerais que vous fassiez vraiment la part des choses dans l'emploi de ce mot relié au troisième chakra, le siège de la personnalité. Lorsque vous tournez enfin votre regard vers lui, vous avez profondément accès à votre personnalité, et comme celle-ci ne peut être défaite, vous accédez à la source même de votre divinité.

Imaginez! Vous vous accordez ainsi la possibilité d'accéder en permanence, et à volonté, à la source de votre divinité! C'est chose vraiment impensable dans ce monde où une poignée d'hommes et de femmes ont créé des dogmes dans le but de vous priver de votre expansion, de votre lumière et de votre couronnement. Voyez-vous, ils ont pris un moule fabriqué et vous ont détournés, justement, de cet espace sacré. Ainsi, du latin *ego* est né le mot égoïsme, lequel a engendré «égoïste». Et de ce dernier, qu'avons-nous accueilli si ce n'est la peur de tourner le regard vers votre nombril!

Mon Dieu! J'ose montrer du doigt le nombril et en parler! Ce nombril qui assurait le passage de la nourriture de chaque embryon. Rappelez-vous! Dans le ventre de votre mère, vous étiez relié au cordon ombilical qui venait nourrir votre être par la porte du nombril. Comment se fait-il que les dieux, les Créateurs, aient osé créer ce lien? Comment ont-ils pu permettre que la Vie s'écoule par cette porte?

Le cordon ombilical était bien ce sas où la nourriture passait du corps de votre mère à votre corps d'enfant. Imaginez-vous le sacrilège? Parler du nombril, de la porte de pénétration des énergies, de la nourriture donnant vie à l'embryon qui, une fois développé, deviendra un corps d'homme ou de femme! Et il y a toujours trace de cette porte par où la nourriture de votre mère apportait force et vigueur au développement d'une petite cellule, vous. Comment se fait-il, ô grand sacrilège, qu'il y ait toujours trace de ce nombril sur votre corps d'homme et de femme ? À quoi peut bien servir encore cette porte d'accès à la nourriture ?

Eh bien, ô grand sacrilège, ce nombril dont vous êtes tous pourvus est la porte d'accès et de pénétration des sources de nourriture de lumière qui tournent autour de vous !

Et ce n'est plus votre mère biologique qui vous apporte cette nourriture, mais bien la Mère divine. C'est elle qui vous fournit aujourd'hui une nourriture subtile, en pénétrant toujours par cette porte sacrée qu'est votre nombril.

Oui, ô grand sacrilège, j'ose vous dire, moi, Force primordiale qui a donné naissance aux Créateurs et à toutes les lignées d'hommes et de femmes de ce système solaire, que votre nombril continue à jouer son rôle ! Que ce nombril est aussi l'œil qui va chercher dans l'Univers entier les sources, les formes d'énergie dont il a besoin.

Oui, ô grand sacrilège, votre nombril est la porte des étoiles !

Aussi, laissez-moi rire quand je vois que vous vous cachez. De toute manière, nous nous jouons de cette attitude, car, chaque fois que nous avons besoin d'agir sur vous et de déposer des énergies susceptibles de vous faire grandir, nous employons, oh mon Dieu, cette porte profane, votre nombril !

Là, en ces instants, nous nourrissons votre ego et tentons de faire de vous des êtres *égoïstes* vivant dans *l'égoïsme*. L'ego est bien au service de l'humanité pour que celle-ci puisse s'expanser, devenir enfin la véritable humanité que nous avons déposée sur cette planète et qui, un jour, donnera naissance, depuis son nombril, à des créations extraordinaires dans ces champs vierges qui s'animent.

En définitive, il est bien question de nombril et d'ego, il est bien question de personnalité. Cela étant, il est peut-être temps que vous repreniez contact avec votre nombril.

Et, oh mon Dieu, combien l'éditeur va s'arracher les cheveux devant les répétitions nombreuses du mot *nombril* dans ma dialectique ! Tant pis pour lui ! Il devra lui aussi tourner son regard vers son nombril pour découvrir cette porte de nourriture céleste qui est sienne et qu'il peut utiliser pour apporter, enfin, une autre nourriture à cette humanité. Ainsi, il découvrira qu'il est bien à son poste en tant qu'éditeur, mais qu'il retrouvera toute sa puissance d'être en se servant de cette porte des étoiles qu'il a complètement oubliée, comme vous tous d'ailleurs !

Allez, laissez-moi sourire puisque je vous rends, en ces instants, le pouvoir incommensurable qu'on vous a arraché.

Oui, si vous le voulez bien, nous allons enterrer le mot *égoïste,* puis faire la fête au mot *égoïsme,* afin de laisser place à l'*ego,* qui réfère simplement au siège de la personnalité.

Quand nous réutilisons les mots célestes, ceux que nous avons déposés en vous pour parler des lois universelles, la personnalité recourt à cette porte des étoiles qu'est le nombril pour recevoir, chaque fois qu'elle en a besoin, la nourriture céleste lui apportant la force et la vigueur nécessaires pour franchir un nouveau pas. Sachez-le. Si, par exemple, vous avez besoin de paix, posez votre main sur votre nombril. Votre personnalité recevra de la lumière, de l'amour, puisque vous reconnaîtrez ainsi qu'en cet endroit loge un pouvoir extraordinaire.

Allons, je ne vais pas stagner sur le mot nombril. Poursuivons notre voyage sur l'ego, qui révèle en fait une force extraordinaire, soit une puissance atomique, électronique, à la disposition de tout être d'accord pour étudier les lois, toutes scientifiques, mathématiques, mais qui sont avant tout la résonance magnétique des forces naviguant autour de vous dans ce système et d'autres. Ainsi, par cette porte, vous pouvez accéder à des données extraordinaires ; il vous suffit de reconnaître qu'elle est le siège de votre personnalité. Dès lors, elle pourra s'animer et vous restituer graduellement d'autres portes bien plus subtiles, plus cachées, à l'intérieur de votre corps. Celles-ci sont toujours en résonance et en vibration avec des portes subtiles cachées dans l'Univers et donnant accès à la connaissance multiple non pas de ce qui a déjà été vécu, donné aux Créateurs, mais à cette connaissance tenue en réserve et qui ne demande qu'une chose : glisser enfin vers des lieux densifiés pour s'enraciner et délivrer son message, sa teneur, son visage et, forcément, sa personnalité.

Vous voyez, la personnalité céleste, divine, qui repose dans le monde incréé n'attend qu'une chose : que la personnalité incarnée ouvre sa porte pour aller la chercher dans l'incréé.

Ainsi, le savoir et le vécu qui ont déjà donné les racines de votre corps communautaire en accueilleront de nouvelles qui passeront par la seule porte des étoiles ouverte : votre nombril.

Vos oreilles, ces orifices recevant les énergies, ont d'abord pour but de vous transmettre les sons. Votre bouche, quant à elle, absorbe de la nourriture, mais elle est créée pour laisser passer le Verbe. Et si vous avez des narines, comprenez qu'elles répondent à votre besoin d'air pour exprimer le Verbe. Un autre orifice s'ajoute, mais celui-là a la fonction d'évacuer ou, plus divinement, d'accueillir la Vie.

Tenons-nous-en pour l'instant à celui qui nous intéresse : le nombril, cette porte des étoiles. Je tiens à vous le dire, si vous osez tourner votre regard vers cet endroit, et ce, avec amour et sincérité, vous ne deviendrez pas *égoïstes* pour vivre dans l'égoïsme, mais vous pourrez décrypter la totalité du message qui repose dans votre personnalité.

Égale à moi-même, je vous conseille donc de faire bon usage de cette bouche d'alimentation subtile qui renverra autant de force que de plaisir à votre corps communautaire.

17

Reprendre son pouvoir

Le temps est venu de parler des créateurs que vous êtes, d'aimer les êtres divins descendus dans ce corps de chair, ce temple. L'espoir de prouver qu'une nouvelle création pourrait apporter à l'ensemble de l'humanité universelle des germes d'idées nouvelles et puissantes était là, dans vos cœurs.

Le temps est venu de vous dire que nous reconnaissons vos créations malgré vos balbutiements et votre reconnaissance. En ce sens, nous sommes en train d'émettre un décret divin qui reconnaît votre état de créateurs installés dans la densité.

Le temps est donc venu pour vous de saisir la totalité de vos possibles. Il est l'heure de reprendre vos pouvoirs de créateurs, jusque-là verrouillés. Ceux-ci résident à l'intérieur de vos atomes ; pourtant, c'est dans le premier chakra, lové à la base de votre colonne vertébrale, que le plus grand pouvoir de créateur se cache. Certes, vous êtes appelés à tout unir dans le cœur, mais, avant tout, il vous faudra ouvrir ce sceau important.

Là encore, je vais vous instruire. Dans votre corps physique, un axe principal, une articulation géante vous tient debout : votre colonne vertébrale. Chose étonnante, dans cet axe se croisent les grands pouvoirs de votre être.

Vous avez dû reconnaître les pouvoirs de chaque chakra l'un après l'autre. Aujourd'hui, vous êtes propulsés vers le chakra du cœur, car le cœur est une porte qui vous permet de monter et de descendre à l'intérieur de votre colonne vertébrale, d'avoir accès à tous les croisements y résidant et de parvenir ainsi à toucher en profondeur tous les pouvoirs créateurs.

On vous a également enseigné qu'il ne fallait pas toucher le Feu, élément à aborder avec prudence. Or, où se situe le Feu ? Dans le premier chakra, situé au bas de la colonne vertébrale, et ce feu porte le nom de kundalini.

Le Feu représente le pouvoir du serpent, lequel vous lie au pouvoir de votre Créateur reptilien. Si vous propulsez votre regard dans votre tête, vous retrouvez un siège qui lui appartient également : le cerveau reptilien. Ne trouvez-vous pas étrange qu'à deux endroits le Feu puissant de la Création soit transmis par l'un des grands Créateurs ?

Il est vrai que vos mémoires sont encombrées par rapport à ces Créateurs, mais j'aimerais vous dire ici que, finalement, c'est bien plus que cela. Des frères et des sœurs incarnés dans la troisième dimension sont venus embrouiller les fils conducteurs vous menant à ces deux sièges du Feu, de pouvoir. En vue de contrôler la population, on a castré la femme de son pouvoir de création, et c'est là un fait déplorable. Pourtant, la femme est justement celle qui détient la clé du Feu, qui en possède la sagesse, qui est à la base de toute création.

En réalité, c'est le Feu, ce pouvoir féminin, qui a engendré tous les mouvements de la Création ; ce n'est pas le pôle masculin.

Par cette affirmation, je ne dérange guère les notions transmises, puisque seul le besoin de pouvoir de l'aspect masculin a dénaturé toutes les formes de création, puis engendré de terribles actions contre elles. Quand un pays souhaite en éradiquer un autre, il s'en prend d'abord à la gent féminine, lui retirant tout moyen de donner naissance à d'autres êtres porteurs d'une identité de paix. Cela a été fait plus récemment par le peuple anglais et le peuple chinois, mais ne croyez surtout pas que les autres ont échappé à cette pratique. Et cela a peut-être eu lieu sous le couvert de la science, certainement à l'insu des scientifiques eux-mêmes, mais le pouvoir en place est tel que l'éradication de certaines races est en cours.

Voilà qui aurait pu entraîner une dégénérescence totale de la race qui se croit maîtresse, si nous n'avions pas répondu à l'appel de ces hommes et de ces femmes écartés de leurs pouvoirs. Oui, nous avons répondu et nous répondrons encore et toujours, et ce, pour laisser couler le pouvoir créateur par les portes de l'ego.

Voyez-vous, il existe plusieurs formes de castration. Si, dans la densité, la création passe par l'élaboration des corps subtils, vous avez aussi accès à ces corps subtils par d'autres formes de création. Et quand un homme et une femme se réunissent, unis dans l'amour, ils créent. Ils offrent une semence de lumière issue de leurs cœurs ; ils la donnent à l'Univers, qui la prend pour générer une nouvelle forme de Vie.

Il y a donc eu une deuxième forme de castration en vous instruisant du *péché mortel* dans l'acte de Vie. Et, effectivement, il y a eu péché mortel puisque vos religions se sont nourries de cette autre forme de création en injectant un poison à l'intérieur de votre pensée et en vous éloignant de votre pouvoir de créateur. Il est vrai qu'un grand nombre de femmes et d'hommes de cette planète ont été sciemment privés de leur pouvoir de création, tant sur les plans denses que subtils. Cette pensée et le poison induit à l'intérieur de la vie de ces hommes et de ces femmes ont généré un poison de seconde génération, et c'est ainsi que bon nombre de personnes naissent depuis quelques décennies avec des problèmes génitaux importants. Cela est dû à la pensée empoisonnant votre pouvoir de création. Je tenais à vous le signaler.

Faut-il jeter la pierre à ces hommes imbus de pouvoir qui ont détourné le cours de la création ? Non, mais il est temps de réinstaurer à l'intérieur de ce chakra toute la lumière, tout l'amour dont il a besoin pour rétablir ses forces, son devenir et vous restituer la plénitude du Feu qui est là et qui donne vie à toutes formes.

Je vous invite, en ce moment très particulier, à reprendre conscience que chacun de vous est un créateur dans un corps de créateur ayant des forces inouïes.

Si vous regardez l'emplacement de chaque chakra à l'intérieur de ce corps physique, vous comprendrez que tous sont des bouches extériorisant les forces créatrices reposant en vous.

Oui, je vous invite à prendre davantage conscience des pouvoirs contenus dans vos chakras. Revisitez chacun et comprenez que, là, se joue une force extraordinaire.

Il y a encore quelque temps, j'aurais employé le mot *drame*, car c'était le cas.

Désormais, nous pouvons utiliser les mots *histoire, jeu*, puisque nous en sommes à vous aider à reprendre possession de tous vos centres de création.

Tout doucement, nous revisiterons votre corps physique. Nous nous approprierons chacun de ces endroits stratégiques pour vous amener à bien saisir que les corps subtils existent en effet, mais que vos centres de pouvoir résident dans le corps physique, et ce, par la présence des glandes, des organes à proximité de chaque chakra. Imaginez donc ce qui survient quand on remplace l'un de vos organes ! On enlève une partie de votre personnalité et on insère dans votre corps humain une partie de la personnalité d'un autre corps. Naturellement, comme elle provient aussi d'un corps humain, cela ne devrait pas vous perturber. Dans l'absolu, cela est vrai, mais dans la présente séquence du temps, ce n'est pas le cas. En effet, aucun de vous n'est parvenu encore à une fréquence d'émission de lumière suffisante pour accueillir un corps et l'intégrer dans sa propre lumière sans défaire l'harmonisation en cours. En réalité, ce qui est déplorable actuellement, c'est le peu de conscience durant ces interventions. Vous n'avez pas le temps de reconnaître, d'accepter, d'aimer cette énergie lumineuse et de lui demander de ne pas créer de désagréments dans l'harmonie de votre corps. Et vous ignorez à quel degré d'ouverture, de vibration est parvenue cette partie désormais insérée en vous. Est-elle la lumière d'une fréquence supérieure ou, au contraire, bien plus ancrée dans la lourdeur des basses fréquences ? Il faut ajouter à cela toutes les manipulations physiques porteuses des pensées et des préoccupations personnelles des chirurgiens, car celles-ci s'inscriront également dans l'intervention. Comme vous le diriez, beaucoup trop de facteurs interviennent, il y a beaucoup trop de disparités entre vous, le donneur, le chirurgien et les infirmières. Vous n'en êtes pas arrivés au respect. Voilà pourquoi un grand danger persiste à recevoir un corps étranger, surtout si vous êtes en phase d'ouverture.

Toutefois, je ne vais pas m'étendre sur ce sujet. Je tenais simplement à vous instruire du fait qu'à chaque chakra sont rattachés des glandes principales, des organes qui travaillent en harmonisation avec celui-ci, dans le but d'émettre la lumière, l'harmonie, l'amour de votre corps.

Si nous parlons tant actuellement de la fréquence, de la vibration, de la lumière et de la paix, c'est bien pour tenter d'induire une réaction dans votre organe de pensée et de diriger celui-ci vers une écoute plus approfondie des centres de pouvoir. Si vous voulez justement *avoir la possibilité* de réutiliser les vôtres, tournez votre regard à l'intérieur de chaque chakra.

Ils représentent l'amour, le centre, le parcours, les énergies harmonisées ou non de vos glandes et des organes reliés à eux. Et comme c'est étrange que les femmes soient autant massacrées dans leur féminité, dans leur chair ! On leur enlève des organes, et ce, en quantité… les privant ainsi un peu plus de leur image, de leur identité. Ces femmes doivent lutter pour intégrer ce viol, ce crime ; elles doivent recomposer avec leur pouvoir. Mais n'est-ce pas déjà la cause d'un viol plus subtil commis par l'énergie masculine, pour empêcher l'accès à des mondes éthérés, à des créations de grande beauté ? Cette énergie masculine tend ainsi à prostituer la femme pour l'avilir et lui faire croire qu'elle est moins que rien, juste bonne à assouvir les besoins de l'homme.

Je terminerai cet atelier (Cercle de paroles) en vous demandant de réfléchir à ces mots, à ces paroles, pour continuer simplement le travail, rétablir ainsi l'équilibre des énergies créatrices et permettre au Feu divin logé là, dans le bas de la colonne vertébrale (près de l'appareil génital, féminin comme masculin), de se lever et de vous parler de cette réalisation suprême qui sera celle du Feu à l'intérieur de votre corps physique, pour « rallumer » le lien de tous les corps subtils.

Je ne parle pas à la légère, et si je suis grave en ces instants, ne cherchant pas à apaiser votre mental mais, au contraire, à accuser votre organe de pensée, c'est qu'il y a urgence à rétablir l'harmonie entre les hommes et les femmes.

Je tiens aussi à rajouter que vous êtes tous venus dans ce but! Vous êtes nés en vous promettant de vous aider les uns les autres à retrouver votre véritable état. Pour cela, vous, les hommes, devrez regarder les femmes autrement. Et vous, les femmes, devrez voir les hommes pour ce qu'ils sont.

Vous recomposerez et redonnerez les pouvoirs qui reviennent à chacun : le pouvoir des jeux, celui des mots, celui qui épanouit l'ensemble de la fratrie, etc. Vous vous rendrez compte que tant qu'un homme et une femme oseront mettre leurs mains dans les nôtres, ils retrouveront le plein pouvoir de l'être. Ainsi, l'homme pourra éveiller complètement sa féminité en lui et la femme aura le courage d'accueillir pleinement la masculinité qui se cache encore, car elle a besoin de ces deux pôles tout comme l'homme. Et vous constaterez que de un, vous passerez à deux, puis de deux à quatre, et que de quatre vous reviendrez à la multitude. Puis une merveille aura lieu : de nouveau, nous pourrons dire que l'humanité sur cette planète dégagera des créations d'une telle beauté que les plans subtils se verront couronner des créations qu'ils auront osé déposer.

Nous honorons les hommes et les femmes que vous êtes, ainsi que tous vos efforts.

Nous honorons également toutes vos erreurs de compréhension dans l'exploration de chaque chakra, car nous savons que cela fait partie de l'expérience.

Nous honorons vos tentatives en vue de retrouver vos créations.

Nous honorons ces hommes et ces femmes qui ont choisi de tourner leur regard vers les cieux pour appeler leurs partenaires et rétablir, ici, la paix universelle.

Mais comme c'est étrange! Ces lois universelles glisseront vers cette terre et couleront grâce à vos corps d'hommes et de femmes.

Ainsi, vous constaterez que pour s'ancrer, ces lois universelles descendront de chakra en chakra, jusqu'au chakra racine, siège du Feu. De là, elles reconnaîtront un langage qui leur est connu, et vous pourrez installer le rayonnement de votre identité solaire.

Mes enfants, je vous invite à revisiter la connaissance de vos chakras et à voir les glandes reliées à chacun d'eux, les organes jouant le rôle de partenaires. Voyez dans votre corps lesquels sont faibles et appellent justement votre attention, et vous comprendrez que c'est là que devez travailler pour leur rendre leur plénitude.

Allez, ne vous faites aucun souci, ce langage n'avait d'autre but que de vous restituer une part de connaissance, d'ouvrir votre champ de conscience afin de redécouvrir l'habit de lumière que l'on vous a donné en des temps bien lointains.

Je voulais également saluer le pouvoir créateur qui existe là, dans le bas de votre colonne vertébrale, comme celui qui réside dans la région de votre nombril, puis le grand pouvoir installé à l'intérieur de votre cœur. Et naturellement, je salue la vision de vos chakras supérieurs.

Mais, en réalité, les plus *grands chakras* ne sont peut-être pas ceux auxquels vous vous attardez! Alors, dans l'avenir, vous pourrez reprendre possession de votre identité. Vous ne ferez pas monter votre lumière vers les chakras supérieurs; au contraire, vous prendrez leur lumière et la ferez passer par la porte du cœur pour l'amener à visiter ces centres que sont les chakras tout le long de votre colonne vertébrale.

Encore une fois, votre personnalité réside précisément là où ces hommes et ces femmes imbus de pouvoir tentent désespérément de vous faire détourner le regard. Aussi, je vous invite tous à être assez espiègles pour voir quelque peu ce qui s'y passe et pour quelle raison, finalement, on cherche tant à vous empêcher d'y avoir accès. Forcément, il y aura des découvertes intéressantes pour les hommes et les femmes en cours d'harmonisation. Vous comprendrez pourquoi les grands initiés disaient que l'élévation et l'ascension ressemblaient étrangement à une chute à l'intérieur de leurs corps.

Il est temps que vous reviviez ces grandes découvertes, que vous puisiez dans ce savoir contenu et qu'enfin vous en fassiez une source d'amour, de vérité et de nourriture pour l'ensemble de vos frères et sœurs qui se meurent de ne pouvoir accéder à leurs centres créatifs les plus importants.

Si, effectivement, il vous faut être prudents pour approcher le Feu, sachez qu'en ce moment vos guides, vos anges et toute la fraternité universelle sont penchés autour de vous. Car nous savons, nous, que l'instant présent est le rendez-vous de votre conscience avec l'exploration de ces centres importants où repose le Feu créateur, ou la personnalité.

Oui, l'heure est venue de toucher au Feu, mais comprenez que nous avons diligenté les plus grands enseignants, les plus grands docteurs de tous les mondes universels en vue de vous accompagner durant l'accouchement. D'ailleurs, en référant à cet accouchement, nous revenons à la connaissance de l'endroit le plus sacré qui est le ventre, le ventre de votre personnalité, là où il y a la bouche d'absorption des énergies supérieures, avec ce chakra au bas où passent les pouvoirs de la création et donc, naturellement, de ce ventre qui donne forme à la Vie. Comment se fait-il que nous ayons placé nos plus grands pouvoirs de création dans ce lieu qui, apparemment, n'emporte pas la *palme d'or* auprès de vos dirigeants religieux, qui tentent par tous les moyens de déposer *le mal* sur ces centres ?

Il est vrai qu'il fut un temps où cette humanité se promenait nue, mais il en vint un autre où on a voulu avec force vous couper de vos racines de créateurs en vous cachant sous une multitude de vêtements tant physiques que subtils. Sachez donc déposer maintenant ces derniers afin de retrouver votre légèreté d'expression. Non, je ne vous demande pas de vous promener nus dans la rue ! Vous seriez arrêtés illico presto (c'est ainsi que vous dites). En tout cas, vous ne feriez que quelques pas, et il n'est pas nécessaire d'aller vous cacher dans le fond d'une prison pour retrouver le courage de tourner votre regard vers ce centre tant décrié qui est, en réalité, la clé de votre plein pouvoir.

Oui, c'est le moment où l'identité solaire se dévoile. Cela étant, nous sommes en train de tourner votre regard vers ce qui est en vous.

Je tiens à vous le dire, je suis une Force solaire pour l'exercice que j'ai osé et je me fais une joie de dévider ce savoir afin que vous ayez l'audace et le courage de jouer avec cette force qui vous appartient.

Je me plais à redéposer de la lumière et de l'amour chaque fois que cela m'est possible. Si, à cette fin, j'emploie un langage ou un autre, sachez qu'avant toute chose je dépose ma Force, mon Amour dans ces mots, et ce, certainement pas pour faire de vous des personnes désireuses de partir à la conquête de quelque chose ou d'entreprendre une autre croisade. Je tiens simplement à vous restituer assez d'amour, de lumière et de paix pour que vous ayez le courage de regarder réellement l'être que vous êtes, car tout est caché à l'intérieur de votre corps physique.

En ces heures si particulières, il est vraiment temps de reprendre votre enseignement, de diriger votre regard dans chaque chakra et de comprendre ce qui s'y passe.

Sur ces mots, je tiens à vous rappeler que nous avons travaillé, durant ces trois jours d'atelier, sur le pouvoir créateur de cette humanité. Nous l'avons fait pour tenter de restituer à chaque homme et à chaque femme les plaisirs de créer autant dans le monde physique que dans les mondes subtils, à partir du centre hara, de la kundalini, et donc de l'appareil génital.

Que l'amour habite vos pensées. Qu'il anime vos actes et soit revêtu de respect, de paix.

Que votre amour soit teinté de fraternité, de compassion, de légèreté. À ce moment-là, vous comprendrez la profondeur des mots que j'ai prononcés.

18

La levée de la sagesse

Il est très important d'accueillir le silence en soi. Cela permet de centrer ses énergies, de calmer son mental, d'ouvrir ses espaces intérieurs et de s'envoler vers cette sphère où tout est possible.

Le silence est la clé servant à ouvrir cette serrure qui maintient fermée la porte de votre prison. Quand je vous regarde évoluer dans la matière, j'ai l'impression de vous voir chacun tourner en rond, tel un prisonnier dans sa cellule. On peut estimer qu'il est entièrement naturel pour ce prisonnier de tourner ainsi en rond dans l'espace réduit d'une pièce conçue pour le priver de tout mouvement d'épanouissement, mais dans votre cas, vous êtes sur une planète où l'espace est grand. Ainsi, quand je regarde les frontières posées, des frontières artificielles créées par le mental de l'homme, je vois des prisons et non des pays où évoluer. Pour l'instant, l'identité des pays fonctionne exactement comme une geôle.

D'ailleurs, pour en sortir, ne vous faut-il pas une clé spéciale, votre passeport ou votre carte d'identité ? Et comme ces pays entrent dans un mouvement de peur effrénée, eh bien, on va tous vous amener à porter sur vous des systèmes technologiques de détection qui feront en sorte que, peu importe où vous irez sur cette planète, votre présence sera décelée... et vous serez privés de liberté.

Alors, je souris devant ce qui se trame, car je vous connais bien tous et toutes, que vous soyez ici ou assis chez vous dans un autre pays. Je sais que, privés à l'extrême de votre liberté, vous entrez en crise intérieure et repoussez les limites avec fracas.

Il y a donc bien des tentatives en vue de construire des murs, d'installer des barbelés dans les champs, dans les villes. Il y a encore bien des fusils pour vous tenir en joue, sans compter ces satellites espions qui sont là à surveiller vos moindres mouvements. Bientôt, le mouvement de vos pensées et les battements de votre cœur seront aussi fichés ! Que ferez-vous quand, en fait, vous n'aurez plus le moyen de respirer, de vivre, de penser sans qu'un petit bouton, quelque part sur un ordinateur géant, s'allume et affiche une alarme ? Car si vous persistez dans votre attitude, il sera bientôt davantage question de danger par rapport aux mouvements en place que d'êtres qui s'éveillent à leur propre identité et cherchent à retrouver leur plénitude, leur liberté d'expression.

Je ris de vous voir endormis et convaincus que, finalement, tout cela va se passer puisqu'il est écrit dans les livres que des changements auront lieu.

Je ris de vous voir confiants et de laisser agir par derrière tous ces hommes et toutes ces femmes s'ingéniant à vous limiter.

Je ris, car tout cela est signe de la transformation, mes enfants. Non, ne croyez surtout pas que la transformation ira à l'encontre de vous. Toutefois, entre le moment où vous vous sentirez piégés et celui où vous renverserez la tendance, il y aura forcément un laps de temps où vous vivrez des événements qui, parfois, ne vous plairont pas. Et là, je ne ris plus. Je suis triste dans mon cœur et je verse des larmes d'amour afin que celles-ci vous nourrissent et vous rendent aptes à traverser ces événements avec le plus de douceur possible.

Pour l'instant, chacun des pays formant le mouvement social de l'humanité cherche son identité. Oui, je dis bien : *chaque pays formant le mouvement social.* Car, n'en doutez pas, il ne s'agit que de cela puisque la planète se rit des frontières, des pays que vous avez constitués pour vous accrocher à des points de repère. Alors, j'ose vous annoncer en ces instants que le jour où vous aurez l'audace de lâcher les deux mains qui vous tenaient, pour enfin marcher et apprendre à courir, ces frontières mentales tomberont, car elles ne correspondent pas à la Vie, à l'identité de cette planète. Si le corps de cette humanité est fractionné, c'est pour expérimenter une lourdeur ou une autre, et rien d'autre. Son esprit n'étant pas unifié actuellement, il cherche à se reconnaître en fractionnant la Vie.

Bien sûr, il y a les frontières. Oh! On remarque quelques tentatives pour en abaisser quelques-unes, mais bien vite on érige de nouveau des murs et des barbelés dès qu'on se sent un tant soit peu en danger. Mais quel est donc ce danger? Eh bien, c'est d'accueillir des frères et des sœurs d'une autre culture.

Aussi, si vous le permettez, je vais m'amuser de ces cultures. Que sont-elles? En observant cette planète, je vois une culture noire, une blanche, une jaune et une rouge. En fait, je distingue avant tout des expressions, celles qui ont permis à un groupe, une ethnie de se reconnaître et de voyager dans son esprit, dans son identité. Certaines ethnies ont su développer des racines fortes, autant avec la Terre qu'avec le ciel. Chose étrange, ces ethnies ne font pas parler d'elles.

D'autres, plus incertaines, cherchent leur identité, et là, ça bouge un peu plus. Elles ont donc créé des rythmes et des rites pour se reconnaître et s'identifier, car, tout de même, il vaut mieux avoir des points de repère et ne pas se perdre!

Il y a aussi des ethnies très braillardes, celles qui brassent le vent et qui, finalement, quand on les regarde, nous font vraiment rire, non pas de plaisir, mais devant leurs singeries, car même un singe est plus intelligent qu'elles.

Oui, le grand danger vient de celles qui se lamentent, qui essaient de monopoliser l'attention, de dicter leurs lois au reste du monde et deviennent ainsi des tyrans. D'ailleurs, connaissez-vous l'expression française *« un tirant d'eau »* ? Si j'associe ces mots, c'est pour vous faire remarquer combien ces *tyrans* « tirent » les énergies des autres pour se nourrir, engloutir cette force, tant ils sont voraces.

En l'occurrence, si je regarde le blanc, le rouge, le jaune, le noir, c'est bien la couleur blanche qui, actuellement, occupe la place de ce tyran.

C'est cette couleur, cette culture, qui essaie de dévorer tout ce qui passe aux alentours et qui est en train de s'engloutir, car elle est à la recherche de sa propre sagesse. Mais elle se comporte comme une personne aveugle qui ne peut avancer qu'à tâtons. Comme une personne sourde qui, incapable d'entendre aucune parole de l'extérieur, ne peut s'y fier. Comme une personne sans jambes qui, en définitive, ne peut que ramper par terre. Comme une personne privée de mains qui ne peut, dès lors, reconnaître la vie en la touchant. Pourtant, des entrailles de ce peuple mécontent, de cette couleur qui tyrannise les autres, naîtra une force que celui-ci mettra à la disposition de ses frères et sœurs du noir, du rouge et du jaune.

Et c'est bien vers ce peuple que nous tournons nos regards, car, voyez-vous, les autres ethnies ayant su déjà développer des assises correctes, nous pouvons leur faire confiance et les laisser entre les mains de leurs guides, de leurs anges et de leurs Pères/Mères.

Nous nous penchons sur cette partie de l'humanité qui est malade, qui n'a pas encore reconnu ni identifié les énergies viciées pour arrêter l'hémorragie. Nous nous penchons donc sur la race blanche, et c'est à l'intérieur même de cette race malade que nous déversons des sagesses anciennes, par le biais d'énergies qui accompagneront la transformation de cette sphère de Vie.

Car, lorsqu'un être est malade, c'est à lui que nous donnons de l'amour, que nous offrons la médication appropriée et que nous accordons notre présence. Au sein de la race blanche, nous sommes en train de descendre une qualité d'énergie visant à transformer cette maladie galopante en un rayonnement de sagesse. Ainsi, nous permettrons d'une part à la race blanche de poser un acte nouveau dans la personnalité de cette humanité et, d'autre part, à tout ce système solaire, de recevoir ce nouveau rayonnement.

La race blanche est à faire rire, tant elle se démène dans ses problèmes. Non, je ne me moque pas d'elle ; si telle était mon intention, j'emploierais d'autres mots.

Je suis juste attentive et amusée, et si je m'amuse un peu avec elle, c'est pour qu'elle puisse aplanir ses angles, s'arrondir et avoir enfin la possibilité de devenir la matrice aimante et accueillante de la sagesse qu'elle ne va pas manquer d'émettre à son tour. La race blanche est invitée à aller puiser à l'intérieur d'elle-même, dans ses entrailles, la puissance de la sagesse qu'elle a accepté d'extérioriser.

Alors, réjouissez-vous, lecteurs de ces lignes, de cet enseignement, car, forcément, derrière vous, dans votre passé d'âmes et d'esprits, vous avez visité l'une et l'autre des races noire, jaune ou rouge — je trouve même encore des traces de la race violette. Toutefois, c'est dans la race blanche que vous avez décidé d'ancrer vos racines afin de pouvoir vous appuyer sur la sagesse reçue des autres races. Vous savez fort bien que le fait d'être passés de la sagesse du peuple noir à la sagesse du peuple jaune, puis à celle du peuple rouge vous a offert une structure intérieure pouvant servir à la traversée que vivra la race blanche.

Et je vais vous faire une grande révélation : en réalité, vos corps reflètent de la lumière blanche puisque votre peau est blanche, mais votre âme intérieure est composée des visages des cultures noire, jaune et rouge. Chose extraordinaire, dans ces autres cultures et races se trouvent actuellement les anciens de la race blanche qui avaient su déjà ouvrir leur cœur et leur esprit aux lois universelles. Ils en sont tous partis pour agrandir cette vision dans les autres couleurs formant cette humanité.

Alors, je ris de vous voir si fiers *d'être le peuple blanc*. Je me moque de tout cela, car vous êtes tous des *Noirs*, des *Chinois*, des *Amérindiens*! Vous êtes tous issus de ces peuples ethniques qui, aujourd'hui, ne recueillent pas la faveur de leur *grand frère* (nom que le peuple blanc a pris!), lequel veut les inviter à rentrer dans *la sagesse de l'humanité*! Sagesse qui, en fait, n'est autre que la technologie. Pourtant, je le répète : vous tous, issus du noir, du jaune et du rouge, avez accepté de plonger dans le blanc pour donner des racines, de l'expansion, un regard universel à cette technologie.

Là, vous détrônerez l'approche limitative de la technologie d'aujourd'hui pour mettre en place la technologie issue de la sagesse ancestrale. Et cette action naîtra de vos entrailles.

La race blanche ne pouvait faire cela. Seule la sagesse des autres ethnies était apte à s'engager dans ce combat, ô combien nécessaire, pour voir arriver la vie des étoiles sur cette planète. Car, dans les étoiles, la technologie existe bien, mais sous une autre forme. Elle est vivante ; elle EST le respect de la Vie.

À chacun de vous qui est plongé dans un corps revêtant la couleur blanche, je dis ceci : je m'amuse de vous voir agir de la sorte, car ce qui vient vers vous vous permettra de détrôner, de déboussoler la technologie actuelle, laquelle vise uniquement à atteindre votre liberté, votre expression divine et votre rayonnement. Vous faciliterez ainsi la descente et l'ancrage de la technologie issue des étoiles. Oui, nous assisterons alors à un renouveau de la Vie sur cette planète. Nous verrons un véritable progrès dans lequel vos esprits, vos personnalités et vos sensibilités se plairont, car, en mettant la technologie au service de la sagesse et de l'identité universelle, vous vous rendrez compte du pouvoir qui est le vôtre de faire tomber toutes vos barrières, de vivre des échanges avec les vies des autres planètes, des étoiles.

Faites comme moi, souriez et ne pensez plus que vous habitez chacun un corps d'homme ou de femme ayant l'apparence du blanc, car, je vous le dis, pour l'instant cette race ne vit que sa noirceur!

Je voulais aussi vous signaler que des entrailles de cette race naîtra une paix où, enfin, chaque être pourra évoluer. Non pas une paix répondant à vos idéaux présents si éloignés de la paix universelle, mais une paix telle que vous sourirez quand vous en reconnaîtrez les premiers germes.

En ces instants, j'ajoute aussi que la première pierre à poser, qui scellera votre transmutation et permettra d'accueillir le progrès digne d'une humanité unie et aimante, passera par la transformation de votre personnalité, là, dans votre ventre. Et c'est le ventre de tous les hommes et de toutes les femmes qui se mettra alors à travailler, à exprimer les lourdeurs accumulées lors de vos expériences passées. Vous devrez *sortir de vos tripes* toutes les expressions limitatives, toutes les expressions noires de vos pensées et, surtout, extirper toutes les formes de religions dans lesquelles vous êtes passés, car ce qui vient n'entre dans aucun des cadres que vous avez parcourus.

Il vous sera bien difficile, quelles que soient les religions en place, de glisser dans la fluidité qui descend des *hautes sphères* universelles, soit de la réalité proche du cœur même de la Vie, c'est-à-dire du Sans-Nom. Naturellement, il y a nous, mais également les Sages universels.

Comme vous le savez peut-être, j'ai annoncé que les quatre Forces primordiales se déplacent à la périphérie extérieure du présent Cercle atomique de Vie. Elles vont y créer une nouvelle zone d'habitation. Sachez cependant que lorsque nous aurons installé notre cercle, cet espace neutre où nous résiderons, les Sages viendront.

Les Sages universels manifesteront une autre zone et y seront extériorisés du cœur du Sans-Nom des Êtres immuables, nés parfaits, qui occuperont la place de Sages en vue de superviser l'expansion de la Vie dans les cinq prochains Cercles atomiques.

Chose étrange, si la race blanche en évolution dans ce présent Cercle atomique de Vie est autant travaillée et autant sourde, c'est qu'elle doit chercher en profondeur, dans ses cellules, des codes enfouis depuis longtemps et les amener à s'extérioriser. Ces codes seront transmis à ces futurs Sages et vous travaillerez main dans la main avec ces Êtres immuables, nés parfaits. À leur contact, vous apprendrez la perfection évoluant dans sa forme la plus élevée.

Aussi, bien sûr, je ris. Je ris de la race blanche qui se prend pour le nombril du monde et qui, pour l'instant, n'évolue que dans sa fange. Je ris de la race blanche qui va devenir le nombril du monde, et pas n'importe lequel ! Je parle ici de cette race blanche évoluant à l'intérieur des sept Super-Univers et qui sera un jour à l'origine de la naissance d'autres races.

Vous allez créer, vous, race blanche vivant sur cette planète et sur les milliards d'autres ! Oui, créer, créer la Vie. Vous concevrez d'autres bulles d'êtres évoluant à l'intérieur des deuxième, troisième, quatrième, cinquième et sixième Cercles atomiques de Vie.

Ô race blanche ! À toi qui me fais rire, à toi qui me fais pleurer dans cette expression que tu n'as pas encore acquise, je souris, car je sais, en tant que Mère de toutes les Mères divines, que tu en viendras à marcher sans tenir la main de quiconque.

Tu pourras courir et exprimer la Vie mais, avant tout, tu dois reconnaître que tu ne sais pas encore marcher et que tes pas hésitants renvoient à ces temps futurs où tu seras accueillie pour naviguer, évoluer au sein de toutes les sagesses extériorisées de ce Cercle atomique de Vie.

Il te faudra, à ce moment-là, les réunir en une seule facette et, de ce cœur radiant, sortir ces codes auxquels tu donneras vie.

Race blanche, je t'aime, mais il est temps de lâcher ma main, de marcher seule, de prendre conscience que tu es un être digne d'évolution, la tienne et les évolutions futures.

Race blanche, j'ai déposé en toi des espoirs d'une grande profondeur. À l'heure actuelle, tu ne peux encore comprendre ce qu'on attend de toi, mais, ô race blanche vivant sur cette planète et sur toutes les autres, je fais résonner ce message, car je veux ainsi te rappeler l'engagement déposé en toi. Où que tu sois, race blanche, l'instant a sonné.

Nous, Mères primordiales, allons faire sortir ces codes de tes entrailles.

Oui, tu seras le nombril du monde, mais de ce monde dont j'ai la vision et qui ne représente nullement cette planète où je prononce ces mots en ces instants. Un monde que vous, ici, allez seulement entrevoir.

Race blanche, je te réveille. Je suis le prince charmant venu déposer sur tes lèvres le baiser enchanteur grâce auquel tu reprendras vie.

Oui, en ces instants, je réveille les codes qui reposent dans tes entrailles.

19

À genoux, je salue

Je dépose à vos pieds mes salutations d'amour, de paix et de reconnaissance.

Aujourd'hui, je ne vais pas vous faire de grandes déclarations, puisque nous en faisons constamment !
Non, je viens plutôt honorer les êtres que vous êtes.
Je viens caresser vos couleurs hésitantes, apaiser le vécu de votre regard.
Je viens aussi entrouvrir une porte innovante depuis laquelle vous pourrez chercher des informations en vue d'unir vos différents aspects. Toutefois, en aucun cas je ne vous apporterai une connaissance que vous ignorez. Renier votre parcours antérieur serait un acte sacrilège. Oui, bien sûr, vous avez encore un chemin merveilleux à découvrir ! Vous visiterez toujours des écoles, jusqu'au jour où, fatigués de passer de l'une à l'autre, vous vous assoirez et sourirez, car vous aurez finalement compris que tout est déjà en vous.

Je salue également les âmes des esprits descendants qui, ayant parcouru toutes ces écoles, viennent aider à concrétiser le couronnement de cette planète.

J'honore et je salue en outre le Peuple animal qui a su, ô combien, occuper son poste de guide et remplir son rôle à merveille. Ce peuple est divisé ; si un groupe ne veut d'aucune façon côtoyer ces humains *débiles,* l'autre a foi dans l'amour que vous allez dégager malgré tout.

J'honore et je salue aussi le Peuple végétal qui, au-delà de ce que vous manifestez, continue encore et encore à purifier cette planète pour que vous puissiez vivre ; oui, simplement vivre !

J'honore et je respecte enfin le peuple qui a su cacher sa radiance et sa force : le Peuple minéral ou Peuple des Cristaux.

En ces instants, il me faut également honorer tous les êtres qui, dans l'ombre, travaillent à maintenir tous les schémas de Vie.

Comprenez qu'en m'inclinant devant tous ces pôles de Vie, moi, Source primordiale, je déverse, dans chacune de ces cellules de compréhension et d'approche de la loi universelle, la lumière et l'amour qui coulent de mon cœur. Je déverse des larmes qui viennent laver les souffrances, ces inscriptions dans vos cellules, vos cristaux liquides, vos bandes mémorielles.

J'honore et je salue la présence du Soleil qui, pour l'instant, ne se révèle qu'à une partie de l'humanité. Par ailleurs, j'honore et je salue ce soleil brillant qui vous permet de visiter la marée des jours et des nuits.

Et puisqu'il est question de marée, je m'incline et j'honore la Lune qui veille sur vos marées intérieures.

J'honore et je salue toutes les planètes sœurs qui vous accompagnent et, progressivement, s'offrent à vous comme guides ou n'hésitent pas à se séparer de leur maître pour vous accorder sa présence et vous éviter la catastrophe suprême.

J'honore et je salue toutes les étoiles qui parent votre firmament, vous rappelant en silence vos origines. Oh oui ! Combien le silence est riche et porteur de la connaissance de la Vie universelle !

Mais, voyez-vous, là où je vais m'incliner bien bas, c'est devant vos mains, ces mains qui vous servent au quotidien, mais auxquelles vous n'accordez que peu d'importance et qui, pourtant, détiennent dans leur structure même la connaissance totale de la Lumière de Vie.

Oh! Je ne réfère pas ici à l'Ombre et à la Lumière. Je dis simplement que dans vos mains repose toute la structure de la connaissance de la Lumière de Vie, celle qui englobe tous les aspects de votre existence et de la vie de l'Ombre comme de la Lumière.

Je les baise donc, car, en appuyant mes lèvres de lumière dans la paume de vos mains, je réveille la force et le savoir contenus et déposés dans les atomes germes leur donnant la forme.

Je baise aussi vos pieds, car ils contiennent le savoir de la connaissance de la Lumière de Vie, de la Vie occulte, celle qui ne se dévoile finalement que lorsque vous êtes bien fatigués. Un jour, vous oserez les regarder en ayant conscience de fouler la Terre avec une bibliothèque particulière.

D'une caresse, je viens réveiller votre regard. Je pose mes doigts sur vos paupières en disant : « Toi qui, avec ces deux globes, cherches à percevoir la vie de la matière, tu dois te reposer un peu. Il est temps que tu laisses sortir ta lumière et que tu parles de ce que tu connais à ce cœur, à cet esprit, à ce corps dans lequel tu résides. »

Ô combien je trouve jolie la forme de vos oreilles! Ô combien celles-ci révèlent des informations non pas sur la structure de votre corps, mais bien sur celle des Univers. Alors, lorsque vous serez simplement las de fouiner dans vos oreilles pour identifier les points névralgiques de votre corps, peut-être irez-vous toucher enfin les structures névralgiques du corps universel!

Je suis en train de vous signaler qu'au sein du regard que vous posez sur vous, il vous faudra intégrer la totalité de vos aspects.

Dans ce retour de qui vous êtes, vous redécouvrirez que si, pour l'instant, on ne vous a permis d'approcher que la réalité de quelques roues d'énergie en vous annonçant d'ailleurs que c'étaient les points les plus importants, en fait, les points les plus sacrés sont tenus secrets et scellés.

Voyez-vous, vos oreilles, vos yeux, vos mains, vos pieds, votre nombril sont des endroits où la bibliothèque universelle a déposé un savoir, une connaissance qui viendront ouvrir les codes scellés à l'intérieur de vos atomes. Ainsi, vos électrons, vos neutrons et vos protons pourront s'agiter dans une danse frénétique et s'exciter par rapport à qui sortira une information en premier. Et je vous promets que vous entrerez alors dans une ronde effrénée où vous ne saurez plus quel pied doit avancer, quelle main doit toucher, quel regard doit embrasser le paysage nouveau. Ou encore, vos oreilles devront s'ouvrir à une écoute différente, et votre nombril vous permettra d'absorber la nourriture des Mères divines.

Allez ! De toute manière, qu'il s'agisse de vos pieds, de vos mains, de vos yeux, de vos oreilles ou de votre nombril, il vous faudra les revisiter et vous vous apercevrez combien vous vous êtes écartés des centres sacrés.

Encore une fois, je m'amuse et me joue de vous, qui trouvez que ces endroits ne sont surtout pas dignes d'accueillir votre regard. C'est même à qui a su les mutiler de manière qu'ils ne révèlent en aucun cas la profondeur de la connaissance qu'ils détiennent.

Je me ris de vous et je m'amuse, car en m'inclinant bien bas devant ces centres sacrés, je vous propulse devant des études considérables qui vous forceront à aller rechercher, avec humilité et simplicité, la profondeur et l'étendue de l'Amourpaix au sein de votre structure bio-électrochimique, pour qu'enfin s'élève de tout cela la radiance subatomique de l'être que vous êtes.

Oh ! Voilà encore une association de mots qui ne fera pas plaisir à certains lecteurs. Mais ô combien je me joue d'eux en ces instants, car plus ils seront dérangés et plus je trouverai ingénieux de formuler des associations pour déranger l'étroitesse des concepts actuels, cherchant à mesurer l'épanouissement de votre identité. Si, au-delà de l'amusement que vous percevez, vous êtes bien à l'écoute de l'enseignement occulte que je vous livre, vous vous rendrez compte que je soulève et dévoile la Vérité sacrée tout en m'amusant.

Encore une fois, le paysage de vos études ne fait que révéler une parcelle du grand puzzle cosmique, mais plus vous tournerez votre regard vers les étoiles, plus j'élaborerai une forme d'enseignement qui vous ramènera vers vous-mêmes.

J'implanterai votre regard dans les zones de ce corps que vous reniez, que vous bafouez. Au fur et à mesure que je construirai les pages de mon enseignement, attendez-vous donc à ce que je vienne déranger vos concepts erronés, étroits et parfois épouvantables dans leurs formes de castration. Et ceci, afin de vous restituer la plénitude et la santé de votre paysage intérieur. Je n'ai pas fini de parler de votre nombril, de vos pieds, de vos mains, de vos yeux, de vos oreilles. Néanmoins, sachez aussi que j'irai développer d'autres points névralgiques qui cachent également bien des connaissances.

Ainsi, tout doucement, en m'amusant et en vous entourant d'amour et de paix, j'édifierai une forteresse en vous où l'énergie lumière s'épanouira telle une fleur dans un terrain sûr et se rira de tout ce qui se trame à l'extérieur.

Je me plais à vous regarder dans votre forme limitée, à vous observer dans vos tentatives de castrer et d'élaguer les forces qui sortent de votre corps.

Je sais que, tôt au tard, vous serez fatigués et que vous vous assoirez par terre et laisserez couler de vos yeux toutes les larmes de votre corps, toutes celles que vous avez retenues puisqu'il n'est pas *politiquement correct* de s'exposer ainsi au regard des autres. Durant ces moments, je serai vraiment remplie de compassion et d'amour. Je ferai tout mon possible pour que les êtres déjà ancrés dans la connaissance d'eux-mêmes et de leur pouvoir soient autour de vous afin de vous protéger et que vous puissiez, une fois vidés de cette eau usée, recevoir une source rafraîchissante venant désaltérer la profondeur de votre être.

Tôt ou tard, et d'une manière ou l'autre, vous irez tous et toutes vous écrouler sur le sol de cette terre, laissant alors couler de vos yeux toutes ces énergies que vous avez tues et comprimées dans votre cœur. Ainsi, votre être pourra enfin circuler dans sa plénitude et délivrer le sourire qui ne demande qu'à s'exprimer sur vos lèvres. Là encore, vous découvrirez un jour toute la béatitude de la force contenue dans ce muscle qui forme ce que vous nommez les lèvres.

Je m'amuse, car je sais que ces lèvres donneront un jour *le baiser à la belle endormie,* ce qui réveillera son esprit, son cœur, son corps, et que, de ces lèvres, viendra le mariage céleste de la totalité de votre corps.

Non, ne vous attardez pas à la forme des mots que j'emploie, car, en réalité, je m'adresse non seulement à ce corps physique mais bien aussi à l'âme et à votre étincelle de Vie afin que tous vos corps subtils se réveillent un jour et s'animent. Le premier pas d'alignement vise donc à permettre aux sept premiers corps, dont le corps physique, de s'unir. Je vous invite ensuite à vivre les deuxième et troisième.

Comprenez que derrière le langage simple que je verse en cet instant, je favorise déjà l'éclosion de ce baiser tant attendu.

Bien sûr, vous ne savez pas vers quoi vous avancez, mais moi je le sais et je vous dis ceci :

« Je vous honore. Je baise vos pieds, je baise vos mains, je baise votre nombril, au même titre que vos yeux et vos oreilles, et ce faisant, j'honore l'être que vous êtes. »

Si une Force primordiale vous salue à genoux, essayez de décrypter son message.

20

L'Amourpaix

J'invite la paix à devenir l'énergie maîtresse à l'intérieur de vos corps, de vos âmes et de vos esprits.

J'invite la paix à cimenter les sentiments d'amour que vous commencez à ressentir les uns pour les autres.

J'invite la paix à être votre phare, votre guidance personnelle, et le phare de cette humanité.

J'invite la paix à être votre nourriture essentielle et permanente ; autrement, vous ne passerez pas au travers des mailles de ce qui se prépare.

La paix se cultive à tout moment de votre vie.

Nous observons encore que bien trop de vos instants ne sont pas alignés sur les valeurs morales et universelles. Vous êtes toujours très faciles à déstabiliser, très ancrés dans des énergies fluctuantes. On peut souvent arriver à vous faire vivre des situations que vous ne voulez pas, ou ne voulez plus. Alors, je vous le dis, seule la paix permettra de construire ce chemin sûr où poser vos pas. Soyez donc attentifs, observez-vous, écoutez vos mots, requalifiez vos actions. Comprenez enfin les moteurs qui vous entraînent loin de votre centre et les raisons pour lesquelles votre personnalité divine ne s'exprime que rarement.

J'invite la paix à fortifier votre âme et votre esprit de manière à faire de vous des êtres de lumière bien ancrés dans toutes les énergies. Vous devez saisir que les voiles séparant les mondes s'amincissent puisqu'il y aura une régulation entre tous. Forcément, les énergies qui vous visitent sont autant issues des mondes en turbulence, des mondes en devenir, que des mondes installés dans le plein pouvoir de l'énergie-lumière.

J'invite la paix à déverser de bons augures sur vous pour laver tout ce qui vous encombre et vous empêche d'être légers, aériens et de prendre, dans l'instant, des décisions sûres pour votre devenir.

J'invite la paix à parler un langage que vous n'avez encore jamais entendu, car il est temps pour vous de réaliser que votre langage n'en est qu'un parmi une multitude, que sa phonétique est beaucoup trop assourdissante, dénaturée, et que vous ne pouvez plus vous ressourcer en utilisant ses mots. Par conséquent, nous allons doucement induire des changements pour que vous puissiez vous servir de langages beaucoup plus divins, soit plus créateurs.

Ne vous étonnez donc pas des éléments de votre vie qui vont pourrir, puis disparaître. Laissez-les s'en aller; ils ont fait leur temps! En vous éloignant de votre source, vous aussi avez eu recours à des énergies différentes. Désormais au bout de leur course, celles-ci n'ont plus rien à donner; alors, laissez-les partir! Dans votre cœur, votre esprit, retrouvez d'autres formes d'expression que vous avez déjà connues et qui vous ont apporté une expansion.

Rapidement, nous réemploierons d'autres termes. Par exemple, au mot *lumière* sera substituée l'expression *énergie-lumière* afin que vous compreniez de quoi nous parlons.

Les cieux se rapprochent de vous; ils n'ont point perdu la source pure et glorieuse des sons, des couleurs, des parfums et des formes. Aussi, dans ces retrouvailles, ils ne vont pas se dépouiller de leurs expressions. Vous, par contre, allez déposer tous ces encombrements, ces illusions, ces faux langages, ces mauvaises interprétations.

Comprenez que les rendez-vous qui viennent ne sont pas forcément de ceux qui offrent la paix dans un premier temps ; pourtant, vous découvrirez celle-ci après, vous rendant compte alors qu'elle a toujours été là, qu'elle a éternellement parlé le même langage. En vous éloignant, vous aviez tout bonnement perdu son sens, sa profondeur, et égaré les clés servant à l'activer.

Ainsi, nous venons avec un immense trousseau de clés, car vous êtes la multitude, une expression tellement extraordinaire que nous rapportons ce trousseau pour vous permettre de retrouver ces serrures intérieures qui ne fonctionnent pas et de comprendre que vous ne savez plus utiliser l'énergie-lumière.

J'appelle la paix afin que vous retrouviez le visage de l'Amour, un visage que vous ne reconnaissez plus et n'identifiez plus, que vous ne pouvez dessiner tant les contours de ce sentiment sont devenus flous et inaccessibles.

J'appelle la paix de façon que toutes les fraternités tendent la main et acceptent de recevoir la main de l'autre, car se toucher réduit les frontières.

J'appelle la paix pour que les couleurs de chacun et chacune s'entremêlent et forment de nouveau un arc-en-ciel d'une grande beauté.

J'appelle la paix pour qu'elle règne partout en vous, à l'extérieur de vous, entre vous, entre les univers, entre les Super-Univers, entre tout ce qui vit.

J'appelle la paix pour qu'elle s'ancre ici et devienne la nourriture de tout ce qui vit ailleurs.

Je demande que cette planète devienne la référence de la Paix dans ce Cercle atomique de Vie, car tel est mon souhait. Et à titre de Force primordiale, j'émets en ces instants une volonté inébranlable de voir régner la paix dans chaque cellule de vie, et ce, pour le bien de tous et l'expansion de la Vie.

Oui, j'offre votre Terre à la paix pour qu'elle ancre ses racines et devienne une référence de plus.

Alors, enfants de cette planète, voici devant vous un chemin tracé, celui de la reconnaissance. Non, je ne complique pas davantage la tâche qui vous est dévolue. Je permets simplement à la Terre de présenter un visage différent, une approche novatrice, car il est bon, en finalité, qu'un laboratoire géant rentre pleinement dans les Lois divines.

J'appelle la paix en mon nom, au nom de mes sœurs.

J'appelle les autres Forces primordiales et les invite à formuler un désir similaire afin que nos forces se marient depuis cette planète et engendrent une paix inébranlable, une paix qui voyagera dans tout ce Cercle atomique de Vie puis se déversera dans le deuxième cercle, qui prend naissance.

Par conséquent, enfants de cette planète, je vous appelle et vous exhorte à comprendre mon souhait. Je vous demande de vous rallier autant que possible à cette force que je déverse depuis mon cœur sur cette planète jusqu'à en déborder les contours, jusqu'à inonder ce système solaire et d'autres systèmes encore.

J'appelle la paix telle que je la conçois, celle que mon Père a déversée en moi, cette paix que vous ne connaissez pas, que vous ne faites qu'approcher. Oui, je l'installe ici, car tel est mon souhait. Que la Terre devienne la paix, la concrétisation de la vision du Sans-Nom sur cette qualité d'être.

J'offre cette planète à mon Père. J'invite la paix à être, ici et maintenant, la source et la référence de toute vie.

Vous, enfants, fils et filles de ce qui vit, de ce qui a été et sera toujours, pouvez entrouvrir votre vision et chercher des références sur la paix au plus profond de vos cellules. Ces références y sont inscrites ; elles demeurent à votre portée. Je vous encourage à les incarner.

Oh ! Ne vous faites aucune illusion, cela ne se fera pas en une génération ! Toutefois, si, en ces instants, je proclame haut et fort mon désir, sachez que le temps sera notre allié. Le temps n'étant pas compté dans une création, cette planète sera donc un jour la référence de la Paix, en réponse au désir du Sans-Nom.

Je vous en prie, essayez d'entreprendre, dès à présent et en ce qui vous concerne, un cheminement intérieur visant à vous rapprocher de cette compréhension.

Ma force de Vie commence à couler ici, et je pense que d'autres Forces primordiales — mes frères et sœurs — émettront aussi chacune un souhait.

Quant à moi, j'ai choisi d'appeler la paix, celle qui a été conçue par Celui qui Est et qui sera de tout temps. Ce choix est volontaire, stratégique, il a été étudié, mais je vous instruirai en cela plus tard. En ces instants, je vous demande de ressentir la force qui m'habite. Même si ces mots seront lus plus tard, au moment même où les yeux se poseront dessus, tous ces frères et ces sœurs installés dans leur intimité auront accès à cette énergie que je dépose, à l'énergie qui m'anime et qui m'a fait choisir cette qualité d'être dans la réalisation de cette planète, de ce système solaire, des Univers et de ce Cercle atomique de Vie.

Je sais être douceur, ou force, quand il le faut, et je sais prendre des décisions quand cela est indispensable. En ce moment, mon cœur recueille bien la nécessité vitale de prendre une telle décision.

Oui, dans le sol subtil et physique de cette planète, j'implante la volonté, les racines de ma vision. Ainsi, j'indique à celle-ci une direction à prendre, à développer grâce à laquelle elle pourra réaliser pleinement son plan personnel avec beaucoup plus d'aisance.

Voyez-vous, par le passé, cette planète n'a pu recevoir ni directives ni protections supérieures, car elle n'était pas encore en phase de précouronnement. Comme son nom est maintenant couché sur le registre des planètes précouronnées, nous, Forces primordiales, devons nous déplacer jusqu'à elle et, telles des marraines, des bonnes fées, déverser un souhait. Pour ma part, j'ai donc privilégié la paix, qui me semble de la plus haute nécessité dans ce lieu pour le bien de toute vie du passé, du présent et du futur. Telle est ma volonté. À ce titre, je suis donc responsable de l'avènement total de ce souhait, et tout ce qui en découlera sera aussi sous ma responsabilité. Je m'engage ainsi à épauler Urantia Gaïa durant une longue période, jusqu'à sa pleine réalisation et son couronnement définitif.

J'offre ma présence, ma force, ma vision à ce devenir et, par voie de conséquence, puisque vous êtes ici au moment où j'émets cette volonté, vous profitez également de ma protection, de ma guidance et de mes directives, et ce, jusqu'à ce que vous soyez aussi pleinement arrivés au centre même de la paix, de cette paix supérieure que vous n'avez pas encore approchée.

Me voilà donc engagée envers vous, envers cette planète et envers ce Cercle atomique de Vie pour un long moment, mais, de toute manière, j'étais déjà en service. Et si mon regard va se tourner vers le deuxième Cercle atomique de Vie, je ne pourrai vous oublier puisque vous êtes à l'intérieur même de mon regard. Vous voici entraînés dans une aventure cosmique à long terme. Votre vision devra également se poser sur le deuxième Cercle atomique de Vie, et certains d'entre vous, soit en m'écoutant, soit en lisant ces mots, trouveront peut-être que vous n'aviez pas vraiment besoin de cet engagement. Laissez-moi devancer cette réaction et leur répondre qu'ils ont raison dans un sens. Mais en choisissant cette planète afin de recueillir une énergie décisive pour votre propre réalisation, vous saviez tout au fond de vous que nous vous entraînerions vers quelque chose qui allait vous dépasser, sans savoir quand, dans cette vie ou une autre, ici ou ailleurs. Ce sont là des questions que vous vous êtes posées, et voici qu'en ces instants je lève le secret, je dévoile ma stratégie et vous dis : « Par les mots que je prononce fort et haut dans la matrice de cette planète, je vous mène vers une réalisation bien plus grande que celle à laquelle vous aspiriez. Ainsi, le moteur de la Paix sera-t-il installé dans votre quête de réalisation et, partout où vous irez, vous emmènerez cette énergie avec vous. »

Et comme je ne pourrai me déplacer à volonté, puisque je devrai intégrer un espace dévolu, c'est par vous que je vais contaminer toutes les cellules de Vie, par le biais de la résonance des mots que je prononce et qui s'inscrivent en vous. Cela permettra de réaliser pleinement le souhait que je viens d'énoncer. Vous vous dites que vous aviez peut-être choisi l'Amour ; eh bien, j'y accole la Paix car, de toute façon, l'Amour et la Paix ne peuvent en aucun cas être séparés. Vos pieds et vos mains devront finalement traduire ces deux qualités à chaque instant : l'Amour inconditionnel et la Paix. Ainsi, dans cette lumière qui est vôtre se dépose un moteur incontournable ; vous pourrez l'aborder d'un côté ou de l'autre, car, de toute manière, vous parviendrez à unir ces deux qualités que sont l'Amour inconditionnel et la Paix.

Vous voici engagés dans un service à long terme, non pas pour cette humanité mais pour des humanités qui seront extériorisées, car elles sont encore dans l'incréé. Dites-vous bien que la trajectoire que je dessine devant vous vous entraînera au-delà des portes de ce Cercle atomique de Vie. Ici, vous et moi entrons en service main dans la main afin d'explorer des qualités que le Sans-Nom va seulement déposer à l'intérieur du deuxième Cercle atomique de Vie.

Par mon choix et celui qui vous habitait, les qualités retenues devront s'aligner sur ce moteur de l'Amour et de la Paix. Nous offrons donc une expérience profonde à ces humanités qui seront extériorisées par des soleils, par des êtres déjà créateurs de vies et d'espaces.

Je suis en train de révéler à vos esprits, à votre conscience dans la matière que votre poste se situera dans le deuxième Cercle atomique de Vie et qu'en réalité vous allez unir l'Amour et la Paix au sein même d'une des futures cinq qualités que vous devrez choisir.

En effet, le Sans-Nom demande que cinq nouvelles qualités soient explorées, identifiées dans les moindres recoins de leurs possibles, de leurs expressions. Eh bien, vous êtes programmés pour aller choisir l'une d'elles et vous vous y engagerez en service. Comme le moteur de l'Amour et de la Paix repose désormais en vous, cette qualité que vous visiterez, et dont vous tiendrez un poste à responsabilités, devra parvenir inévitablement à sa maturation dans l'Amour et la Paix.

Ainsi, moi, Force primordiale, j'inscris ces mots dans le Livre de Vie et les remets à mon Père.

Moi, Force primordiale, ai décidé en ces instants que la Paix sera la référence de ce qui doit être ici et dans le deuxième Cercle atomique de Vie.

Que ces mots s'imprègnent dans vos cellules de manière que vous puissiez vous y référer chaque fois que vous le souhaiterez.

Vous êtes notre descendance, nos enfants bien-aimés, et si, parfois, je secoue quelque peu la gangue qui vous enveloppe, c'est pour déposer de telles énergies à des moments bien précis, afin que vous glissiez à l'intérieur à volonté et que notre partenariat soit actif au maximum de ses possibilités.

Nous vous aimons beaucoup et nous avons confiance en vous.

Ne vous étonnez pas si, pour constituer cette matrice [cet atelier] où vous évoluez pendant trois jours, vous vous êtes cherchés. Cela est bien, cela est juste, mais vous comprendrez en son temps pourquoi. Et à tous ceux et celles qui lisent ces mots, je voudrais préciser ceci : « Vous avez laissé des frères et des sœurs être les témoins de ce moment pour pouvoir recueillir l'essence de cet instant en toute tranquillité. Soyez bénis puisque, de toute manière, vous devrez enraciner le travail que nous engendrons. Ne vous croyez pas à l'extérieur, car vous êtes pleinement à l'intérieur de ce projet, de cette volonté, de ce souhait. »

En définitive, de l'amour, j'en ai à revendre pour vous! Je laisserai déborder de mon cœur tous les fleuves d'amour, de paix, de compréhension, de lumière, de fraternité et toutes ces qualités dont vous aurez besoin pour intégrer et faire vivre le moteur de l'*AMOURPAIX*, et non pas de l'Amour et de la Paix. Car nous sommes bel et bien en train de construire un seul moteur, celui de l'**Amourpaix**.

Conclusion

Conférence de Grenoble

Il nous plaît de regarder vos lumières, ces lumières que vous refusez de voir et qui, pourtant, parlent de vous, de cette essence, de cette identité encore voilée pour l'instant puisque vous ne souhaitez pas la réinvestir.

Vous souffrez, disant que vous n'avez pas de joie et que, finalement, la vie choisie ne vous apporte pas l'illumination. Vous désirez vivre autre chose. Sachez toutefois ceci : Quels que soient la situation vécue et le visage que vous incarnez, une identité, une essence vous habite, une lumière rayonnante autour de vous parle de tous ces mal-être, de tous vos soucis, de tous ces instants que vous n'avez pas intégrés.

Voyez-vous, *être,* c'est vivre au quotidien. C'est simplement vivre dans sa lumière, dans son expérience, accepter tout cela et reconnaître l'expérience que l'on a investie.

Mais je ne suis pas venue m'entretenir de cette question, bien que j'aime reprendre un peu un élément avant d'entamer le sujet que je souhaite développer. C'est l'un de mes modes de fonctionnement.

Je voulais vous entretenir de ces rendez-vous qui attendent chacun de vous, des rendez-vous avec vous-même d'abord, mais également avec toutes les fraternités d'ici et d'ailleurs que je ne vais pas, oh non, qualifier d'*extra-terrestres*. Je préfère simplement employer le mot FRATERNITÉ, car vous êtes tous frères et sœurs même si vous naissez dans des bulles d'expression différentes. À l'origine, vous êtes tous issus du même rayonnement du Père/Mère originel, mais cela est si complexe qu'il nous faudrait des jours et des jours pour vous expliquer cette grande réalité.

Les conférences ont surtout pour but d'approfondir une partie de l'enseignement déposé dans les livres. Peut-être avez-vous lu quelques-uns de ces livres. Chose certaine, vous êtes tous venus chercher ce rayonnement qui vous permettra, à un moment donné dans votre histoire, de retrouver le vôtre. Et lorsque cela sera, vous retrouverez aussi la grande fraternité, le UN.

Autrement dit, il vous faudra accepter d'avoir visité tous les nombres connus, ou encore de les découvrir, afin de retourner à la case départ, au UN, celui qui englobe tout ce qui est différencié. Pourquoi tout est-il différencié, sinon parce que l'UN l'a souhaité ainsi afin de s'expanser, de se reconnaître, de s'identifier et de pouvoir jouer. Le JEU est un élément fort intéressant ; bien sûr, la connaissance que vous en avez est bien limitée par rapport à la réalité. Jouer, c'est accepter de revêtir un vêtement déformé, une identité très éloignée de la vôtre et d'aller vous perdre sur une planète ancrée dans l'ombre la plus totale en oubliant, de surcroît, qui vous êtes, sans quoi le jeu ne serait pas complet ! Aussi, je vous le dis, la grande fraternité à laquelle vous appartenez est en train de jouer à l'oubli, au non-être. Mais ce qui aurait dû ne durer qu'un instant perdure depuis trop longtemps, et voici que ce jeu est devenu une réalité lourde où vous avez perdu votre joie d'être, la notion même d'*être*, car vous ne savez plus ce que cela signifie. « Soria, tu nous l'as déjà dit : tu ne t'es pas déplacée pour entendre cela ! » Pourtant, je vous l'affirme, vous êtes venus rechercher ces mots qui, à force d'être entendus, déclencheront un petit déclic grâce auquel vous oserez regarder ailleurs, voir en dehors des moules connus et en vigueur sur cette planète.

Bien sûr, la Terre a une destinée, et l'humanité présente aussi ! Pourtant, tout ceci part en fumée parce que votre mental a été sollicité de manière exacerbée. Mais la chose la plus perverse, ce sont ces jeux que l'on a créés pour vous et dans lesquels on vous a fait descendre progressivement, d'une incarnation à l'autre. Cependant, ces jeux n'ont rien à voir avec ceux en cours dans la lumière, dans l'être. Ils n'appartiennent qu'à l'humanité de cette planète. Lourds, anesthésiants, ils aliènent votre personnalité, mais vous les avez incarnés malgré tout, de telle sorte que vous avez fini par oublier que tout cela ne relevait que du jeu créé dans la densité. Vous ne connaissez même plus la différence entre les jeux d'incarnation et ceux qui sont mis à votre disposition afin que les êtres que vous êtes, installés dans la lumière, puissent s'expanser et décider dans quelle part de la Création ils désirent s'installer.

Comprenez-le : les jeux des univers proposés bien avant l'incarnation avaient pour but de vous rappeler que vous étiez des *créateurs*. Aujourd'hui, les jeux que vous incarnez n'ont rien à voir avec la création que nous envisageons, celle qui apporte joie, plaisir, satisfaction et bien-être, qui vous permet d'aller voir vos frères, vos sœurs afin d'échanger, de partager vos impressions. Ce que vous vivez représente une descente dans un enfer créé de toutes pièces où vous n'avez plus le droit de parole. Vous pensez être libres aujourd'hui, mais je vous le dis : ce que vous vivez n'est qu'un pâle reflet de cette liberté d'expression que vous connaissiez avant de venir sur cette planète.

Oui, je vais encore pointer du doigt des frères et des sœurs de votre humanité qui souhaitent devenir les maîtres absolus de l'expression et du mouvement sur cette planète ! Encore une fois, je vous le rappelle : vous avez accepté de glisser dans des moules si étroits que vous étouffez en permanence. Vous vous y êtes finalement identifiés et vous croyez à ce jour que vos modes de communication représentent une panacée universelle ! Ce que vous vivez n'est vraiment qu'un pâle reflet de ce qu'est la Vie universelle ! Bien sûr, d'autres planètes sont, comme la vôtre, en phase d'intégration de leur divinité. Toutefois, celles-ci n'ont pas le même devenir. Aussi sommes-nous descendus au plus près de votre réalité, mais sans trop nous approcher, car la lumière que nous dégageons est telle que nous obtiendrions l'effet inverse. En effet, trop de lumière aveugle. Comme vous le dites si bien, *tout ce qui brille n'est pas or* ; réfléchissez à ces mots.

Oui, je me répète souvent, et on ne l'apprécie guère. Pourtant, c'est en répétant les mêmes mots, en les imprimant autour de cette planète, que l'humanité pourra (durant son sommeil, dans des méditations ou d'une autre façon) aller les chercher afin de grandir à l'intérieur d'elle-même. Que cela se fasse inconsciemment ou non n'a pas d'importance. Ce qui importe le plus est que chaque membre puisse trouver la formule qui lui convient pour oser tourner son regard vers cette lumière qui l'habite, vers cette expression qu'il possède, et la réinvestir.

Pour l'instant, le collectif SORIA ne joue en apparence que ce rôle, mais c'est le fondement même de son travail. Voyez-vous, la grande action de notre collectif est de participer à la reconstruction de la grille magnétique et cristalline des êtres que vous êtes.

Le travail effectué porte donc sur l'ADN, mais aussi sur toutes les cellules de votre corps, afin qu'elles puissent émettre leur rayonnement et favoriser entre elles l'union de leur lumière et de leur expérience. Cela signifie que nous favoriserons d'abord les éliminations encore présentes à l'intérieur de vos cellules, dans des sacs mémoriels encombrants parce que trop pleins. Aussi, comprenez-le bien, même si j'emploie tout l'amour possible, je ne peux vous éviter les inconforts qui viennent, vous rappelant que vous êtes des créateurs. Si vous n'êtes pas bien, c'est que vous devez regarder ces créatures qui habitent encore dans le passé de votre être et qui remontent à la surface de cet instant. Plus que jamais, l'instant présent qui se dévoile à vous s'emplira de troubles, de marécages, d'inconforts. Cependant, le malaise que vous vivrez dépendra de votre volonté de vous aligner sur votre lumière, votre identité. Dans ce retour vers elle, nous vous parlerons progressivement des divers visages de cette identité. Peut-être ces quelques mots vous interpellent-ils ? Comment une identité peut-elle être différenciée et abriter d'autres identités ? Lorsque le Père de toutes choses, Celui qui Est de tout temps, a construit le visage fini de ces mondes dans lesquels vous naviguez, ce grand constructeur a choisi de départager son identité afin de vous offrir un voyage long et riche d'expériences où vous pourriez reconnaître une partie de son Essence grâce à une identité.

Il y a donc ce que vous êtes en train d'expérimenter, qui n'est rien d'autre que *l'identité terrestre,* celle des mondes finis, avec ses possibilités et ses impossibilités, ses fluidités et ses lourdeurs. Mais au cours de votre voyage, vous découvrirez aussi les identités solaire, cristalline, atomique et christique. Et d'autres encore qui, pour l'instant, ne sont pas révélées, puisque vous avez déjà fort à faire avec toutes ces menues facettes de l'identité du Sans-Nom, de Celui qui Est et qui a toujours été.

Oui, vous allez découvrir qui vous êtes.

Toutefois, cela ne peut se faire du jour au lendemain puisque vous êtes actuellement dans la reconnaissance de l'identité terrestre, elle-même divisée en plusieurs facettes. Néanmoins, vous avez déjà intégré plusieurs de ces facettes, car vous êtes passés dans les mondes minéral, végétal et animal pour être maintenant dans cette humanité. Tout cela appartient au monde fini. Et c'est bien là que nous vous attendons en vous demandant de laisser extérioriser cette lumière, cette essence divine installée au cœur même de vos cellules. Nous vous encourageons à reconnaître cette lumière qui vous habite, à aller la chercher puis à l'amener à rayonner.

Voyez comme il y a autour de vous d'autres réalités qui parlent, par séquences, des identités cristalline, atomique et solaire. D'ailleurs, vous passerez progressivement de l'une à l'autre puisqu'il vous faudra les réintégrer. Ce qui vous est proposé dépasse le cadre du monde terrestre, du fini.

Ce jeu dans lequel vous êtes descendus et qui vous laisse croire que vous êtes limités nous fait grandement sourire. Non pas que nous nous moquions de vous ou que nous ne vous aimions pas, mais il nous semble tout simplement incroyable d'en arriver à ce point d'oubli de l'essence de sa personnalité, de son rayonnement.

Vos cellules comportent des divisions importantes, et chaque division microscopique d'une cellule formant votre corps est reliée directement à une partie du cosmos. Cela est donc valable pour une cellule du cœur, du foie, de votre tête, de la main, ou encore d'ailleurs (pour ne pas nommer des endroits qu'il ne convient pas de préciser) ! Ces petites cellules réunies accueillent donc l'identité complète de ce Cercle atomique de Vie, la réalité du cosmos, de la grande fraternité universelle.

Voilà pourquoi je vous signale que tant que vous négligerez ces petites cellules intérieures, vous vous éloignerez de la fraternité universelle. Oui, plus vous rejetterez une petite parcelle de vous-même dans l'état présent, plus vous rejetterez l'essence même de qui vous êtes. Ce n'est pas là un grand secret, mais juste la loi de résonance.

Ce qui est dans le macrocosme vit également dans le microcosme, rien de plus, rien de moins. L'un est le miroir de l'autre. L'un a été créé de façon à rappeler que tout ce qui est caché est aussi bon, aussi grandiose que ce qui est visible.

Il y a des jours particuliers en cette séquence de temps tout à fait innovante. Je vous invite ici à tourner votre regard vers l'intérieur de votre corps, de vos cellules et à puiser cette lumière qui vous habite. À vous l'expérience, à vous de créer ce rendez-vous. Il prendra le visage que vous voudrez ; l'important est de vous mettre en route !

Alors, vous réussirez peut-être, ou échouerez un temps. Là, nous verrons ceux qui souhaitent vraiment retourner chez eux et ceux qui s'amusent, n'ayant aucune envie immédiate de retrouver vraiment l'être qu'ils sont chacun.

Ainsi, dans ce marécage que vous allez vivre — qu'il vous appartienne ou relève de cette humanité, de cette planète ou encore de l'extérieur –, une part vous revient. Si vous avez donc des rendez-vous particuliers, comprenez que la Vie renvoie à chacun une vérité sur lui-même. Peut-être veut-elle tout simplement vous signaler que vous ne vous aimez pas assez. Ou son message est peut-être celui-ci, par exemple : « Ris, amuse-toi, glisse dans la plénitude de l'instant. Réinvestis cette matrice qui est ce qu'elle est et qui prendra le visage que tu voudras, mais glisse dedans. Réinvestis tes énergies, ton quotidien, les mots qui passent par ta bouche. Réinvestis les mouvements désordonnés de ton corps. » Je dis bien *désordonnés* puisque vous ressemblez davantage à des robots qu'à des êtres responsables. Ce que nous voyons lorsque vous posez vos pieds sur terre est triste. Je peux vous l'affirmer.

Non, je ne suis pas venue détériorer l'humeur agréable qui vous habitait durant ce rendez-vous ! Je tenais tout bonnement à vous dire que vous avez tous cherché longtemps à l'extérieur ce qui est à l'intérieur. Et malgré tout, lorsque nous prononçons ces mots en guise de rappel, tout reste inscrit en vous. L'extérieur va encore vous attirer comme le miel affriande l'ours, puisque c'est ainsi que vous le désirez en l'instant. Oui, vous préférez encore oublier qui vous êtes et, en définitive, cet état qui ne vous plaît pas vous satisfait quand même. Si vous vous trouvez limités, après en avoir pris l'habitude, vous oubliez que vous êtes limités !

Que vous soyez dans l'inconfort ou le confort n'a guère d'importance. Que vous soyez dans le paraître ou à la recherche de l'être n'est d'aucune importance non plus. Que vous apparteniez à cette humanité ou que vous souhaitiez investir une autre humanité ne change rien. Que vous habitiez cette terre ou que vous soyez invités sur Vénus ou toute autre planète est sans importance !

Savez-vous pourquoi ? Tant que vous accorderez du poids à des événements que l'on vous présentera, vous serez dans l'erreur. En effet, vous n'aurez pas alors réinvesti votre essence, votre identité, votre lumière, vous ne serez pas installés chacun dans l'être, dans le présent.

Vous pouvez dès lors chercher dans votre passé toutes les sources de mal-être, mais tant que vous le ferez dans le but d'*être,* je vous l'assure, vous ne *serez* pas. Car, **pour être, il faut investir l'instant**

présent, ce quotidien qui vous appartient, cette trame terrestre qu'on a remise entre vos mains.

Pourquoi l'avoir remise entre vos mains alors qu'elle semble parfois bien compliquée dans votre existence? Pour voir si, à l'intérieur de celle-ci, vous êtes capables de maîtriser l'essence, la lumière de votre être, mais également la Lumière et l'Essence du Sans-Nom. Car, n'en doutez pas, dans l'expérience, vous êtes tous venus chercher et acquérir une compréhension à transmettre à Celui qui Est de tout temps.

Soyez bien conscients que le monde fini a pour but de renvoyer une image précise à Celui qui Est, puisqu'il va y accueillir une nouvelle essence. Pour arriver à le faire, il faut cependant que les enfants qu'il a envoyés si loin de lui acceptent le jeu de la densité terrestre, de manière à être le miroir plein et magique lui renvoyant une source d'information qui, enfin, permettra d'éclairer une petite facette de lui-même. Tout cela dépasse peut-être votre entendement, mais ce n'est pas grave, car tel n'est pas le but du jeu. Nous ne vous demandons pas de comprendre ni de maîtriser la Création dans sa globalité, mais de fournir un petit effort, et celui-là est bien lié à la maîtrise de votre quotidien. Nous n'attendons pas de grandes démonstrations ni de grandes manifestations. Nous souhaitions seulement vous voir accueillir vos énergies, les analyser si nécessaire, ou ouvrir votre cœur, afin qu'au gré de cette porte, ces énergies mal qualifiées puissent retrouver la Source primordiale qui est tout amour, toute lumière.

Par conséquent, au travers de ces remontées mémorielles, vous vous rendrez compte que certaines parts parlent plus facilement de cette essence terrestre et que d'autres traitent de petites identités et d'essences qui viennent de très loin. Comment réunir tout cela? Oh, c'est d'une extrême simplicité. Lorsque vous vivrez une remontée mémorielle appartenant au monde terrestre, accueillez-vous pleinement dans celle-ci; cela diminuera le temps nécessaire à la compréhension de ce qui s'y rattache. Plus vous focaliserez sur cette remontée, moins vous descendrez à l'intérieur de vous. Et ce faisant, vous ne pourrez donc pas accueillir l'enseignement qui lui appartient. À défaut d'investir son présent de tout son pouvoir, on continue à lui donner des forces par le biais des personnalités qui nous ont traversé dans le passé. Ce passé devient alors présent et le présent n'existe pas ; quant au futur, il est déjà déformé.

Voilà pourquoi on vous parlera tant de ce quotidien, de cette trame que vous vivez. Voilà pourquoi il est inutile de vouloir absolument quitter votre emploi ou, encore, de vous séparer de votre époux, de votre épouse.

Si vous n'êtes pas bien dans le fil de ces trames, c'est que l'un ou l'autre de ces aspects vous renvoie l'image d'un mal-être intérieur et vous invite forcément à investir votre quotidien. Si nous vous demandons de le réinvestir, c'est dans le but de vous redonner la pleine maîtrise de l'instant présent et de déterminer ainsi votre futur, de créer consciemment cet avenir. Partant, lorsqu'une rencontre vous sera proposée, vous irez visiter les inconforts et les conforts liés à cette nouvelle situation et c'est en toute connaissance de cause que vous accepterez ou repousserez ce rendez-vous.

Actuellement, vous ne pouvez émettre ce choix puisque l'on a faussé toutes les bases vous permettant, dans le monde terrestre, d'avoir une réelle objectivité par rapport à la situation. En outre, vous avez accepté pleinement le moule visionnaire d'un monde étroit où la joie et l'amour sont exclus, où l'épanouissement est interdit.

Avez-vous remarqué que votre quotidien est construit de façon à vous empêcher d'éprouver du bonheur, ou de la joie ? Avez-vous remarqué aussi que lorsque vous êtes dans un instant où ce sentiment vous habite pleinement, on vous incite à vous cacher, imprimant ainsi le *péché* dans votre esprit ? C'est la raison pour laquelle, d'incarnation en incarnation, cette humanité n'a plus le droit de VIVRE du plaisir ! Je ne parle pas ici des plaisirs compliqués, mais simplement de s'asseoir, de recevoir et d'échanger. Dès l'instant où votre vision intérieure n'entre pas dans le moule de la société, cette dernière vous rappelle que vous sortez de la voie autorisée. Et voilà qu'on vient vous fustiger, vous flageller d'une manière ou d'une autre, afin que vous réintégriez rapidement cette voie construite de toutes pièces qui empêche votre essence de s'épanouir, d'être dans la joie et le partage.

Il est vrai que dans les univers petits et grands des mondes semblables au vôtre, certains sont encore pires; c'est là une grande réalité. Il est vrai aussi que des humanités résidentes d'une planète ont conduit leur lieu d'accueil à une implosion. Et ces mêmes êtres sont actuellement sur votre planète.

Mais, voyez-vous, une partie de cette humanité vivait en même temps qu'eux lors de cette implosion. Ainsi, la mémoire de tout cela est inscrite dans vos cellules, vous rappelant qu'il est peut-être temps de changer de cap intérieur si vous ne voulez pas le revivre. C'est là une réalité, une grande! Et une importante responsabilité.

En occultant la vie sur les autres planètes, il ne vous est pas permis d'avoir accès à cette banque de données présente dans vos cellules et susceptible de vous renseigner si vous l'interrogez sur ces instants difficiles. Par conséquent, si quelques-uns d'entre vous dans cette salle se sentent concernés, je tiens aujourd'hui à leur dire que par leur réveil, par cette acceptation de tourner leur regard à l'intérieur d'eux-mêmes, ils changent leur trame quotidienne. Ils peuvent même aider à la transmutation de ce sac mémoriel, car cette information inscrite dans l'éther doit, un jour ou l'autre, être délogée pour retourner vers ses créateurs afin d'être comprise, puis intégrée. Alors, ne nous berçons pas d'illusions : ceux qui sont pleinement responsables de ce désastre n'ont toujours pas envie de bouger, mais ceux qui l'ont vécu sont de retour ici en vue d'équilibrer et d'inverser ce processus.

Vous me demanderez alors : « Mais Soria, nous signales-tu par ces mots que nous sommes sortis de ce danger? » Oui, vous l'êtes, mais nous vous rappelons que ce danger fut bien une réalité et qu'en vous en parlant, nous réveillons cette mémoire inscrite dans vos cellules. Nous induisons une réaction; elle vous appartient et nous n'y toucherons pas. Notre rôle consiste seulement à soulever de vieilles mémoires lorsqu'il en est temps, afin que vous puissiez inverser ce non-amour imprimé par vous dans l'éther.

Le non-amour est le contraire de l'amour. Vous parlez beaucoup d'amour christique, mais l'amour tout court se joue au quotidien dans les regards échangés, dans les mots employés, dans les gestes que vous imprimez dans l'éther. L'éther, c'est l'air autour de vous, mais peut-être n'en avez-vous pas conscience ? L'air en mouvement autour de vous, c'est l'Éther, la matrice de création mise à votre disposition.

Le collectif SORIA se présente cette année [2004] à un rendez-vous important : SON rendez-vous !

Nous avons préparé le mental du collectif humain à nous recevoir et à nous faire une place. Depuis le début de cette année, nous commençons donc à œuvrer sur la trame cristalline du corps humain, une trame magnétique. Celle-ci est formée de canaux de lumière qui se croisent ; à chaque croisement il y a une émission de lumière radiante, un point que vous appelez chakra. Votre corps renferme également des milliers et des milliers de sous-chakras aussi importants que vos chakras. Mais nous ne vous indiquerons pas encore la position de tous, puisque vous avez déjà du mal à accepter au quotidien la présence des chakras majeurs, qui représentent en fait la centrale accueillant les énergies de tous ces petits sous-chakras dont il est si peu question.

Ces centres d'énergie sont des roues de lumière ; j'aimerais que vous y songiez souvent. À chaque chakra principal sont reliées une couleur et une sonorité ; et si vous pensiez à cette syntonie de réalités ! Oh, un chakra, c'est déjà beaucoup à retenir ! Or, voici que je vous demande d'intégrer le son et la lumière colorée liés à chacun d'eux et de faire un pas supplémentaire en comprenant bien que tous les principaux chakras et les sous-chakras forment une trame magnétique où les identités solaire, cristalline et atomique circulent en permanence.

Il est temps de remettre le doigt sur cette création extraordinaire qui vous permettra de redevenir autonomes et, par conséquent, des créateurs responsables. Et un jour, nous pourrons dire à chacun :

« Tu fais désormais partie du groupe des êtres responsables et, pour cette raison, nous t'ouvrons les portes supérieures afin que tu puisses vivre de nouvelles aventures, lesquelles ne concerneront plus toutefois l'identité terrestre. »

Le collectif SORIA jouera donc sur votre trame intérieure, car il a reçu l'autorisation de vous aider à la reconstruire. Cela sous-entend que, de là où nous sommes, nous avons une vision parfaite de la trame qui s'installera en vous, et ce, sur les plans collectif et individuel.

Nous allons actionner des petits commutateurs intimes, et cela vous débarrassera des énergies encombrantes. Ou encore, si nous avons appuyé sur un autre des boutons internes, vous ressentirez soudainement un processus d'élévation d'une grande puissance. Lorsque vous vivrez ces instants, souvenez-vous qu'en réalité nous avons pu mettre en syntonie deux carrefours de cette nouvelle grille magnétique. Aussi, je demanderai à chacun de vous de sourire alors à l'être qu'il est, dans sa forme limitative, voire restreinte. Je vous prierai de déposer un regard d'amour sur qui vous êtes, car seul l'amour vous assurera de glisser d'un état d'être à l'autre.

Ce qui se présente à vous, c'est bien la possibilité de glisser du vieil état d'être vers le nouveau, de manière à recevoir pleinement le flot de lumière et d'amour qui descend du cœur du Sans-Nom. Cette radiance est d'une force incroyable, mais je tiens à vous le préciser : vous avez la capacité dans l'instant de la canaliser et de l'intégrer. Seule votre errance intérieure empêchera cette intégration.

Si, autour de vous, des êtres proches se moquent de votre recherche, souriez et acceptez que ces personnes aimées ne souhaitent pas intégrer l'essence proposée. Dans cet esprit, réinvestissez le vêtement de la tolérance et de la compassion. Faites en sorte que le manteau d'amour déposé sur vos épaules rayonne encore plus dans ces instants. Cessez de pointer du doigt, d'une manière ou d'une autre, l'être qui est devant vous. Reconnaissez son histoire et son parcours, et le fait qu'il n'est pas arrivé à la même ouverture que vous, que dans son cas, cette porte s'ouvrira simplement demain.

Et qui sait ? Ce rendez-vous futur lui permettra peut-être d'investir pleinement les énergies qui descendent.

Rien n'est acquis. Chacun de vous doit être plus prudent vis-à-vis de lui-même et des autres. Chacun doit être tolérant et fort. Plus que jamais, il doit savoir employer consciemment le oui et le non, car il se rendra compte au quotidien que son entourage sera un maître pour le tester et l'amener à dévier du petit parcours qu'il vient de suivre pour regagner la demeure de son être. Comprendrez-vous alors que de l'autre côté du voile les Maîtres emploient des êtres en vue de tester un élève candidat à sa propre maîtrise. Si vous l'acceptez, vous pourrez glisser plus profondément dans l'être que vous êtes, c'est-à-dire à l'intérieur de cette cellule qui vous habite. Et qu'importe où elle se trouve ; en elle gît le cœur battant du Sans-Nom. À l'intérieur même de toutes les petites cellules réside le Sans-Nom d'une manière que vous n'imaginez pas.

Soyez donc tous très prudents par rapport à vos jugements. Nous vous demandons simplement d'émettre d'abord des positions qui seront suivies d'actions, puis de bien prendre conscience que ce que vous vivez actuellement est un test grandiose à l'échelle planétaire visant à savoir qui osera s'installer dans les nouvelles énergies, employer sa nouvelle grille magnétique et, ainsi, glisser dans les nouveaux schémas d'évolution offerts à Urantia. Ne croyez pas qu'il s'agisse d'autre chose que cela et sachez que nous allons vous respecter tous, y compris ces hommes et ces femmes qui, pour l'instant encore, ont besoin d'asseoir un pouvoir sur l'autre. À eux, nous disons ceci : « Il en sera fait selon votre volonté, mais vous ne pourrez agir que sur les êtres qui acceptent d'être dominés. » Ainsi, voyez-vous, votre bataille se situe encore à l'intérieur de vous, dans votre silence. Acceptez-vous encore d'être des dominés ou, au contraire, des dominants, ou bien préférez-vous entrer dans votre maîtrise ? Voulez-vous enfin quitter ces jeux du *dominé/dominant* afin de réinvestir cette identité UNE qui vous appartient et qui est déposée en vous ?

Le collectif SORIA entre donc à l'œuvre dans la reconstruction de la nouvelle grille magnétique humaine, laquelle aura lieu indépendamment de votre volonté. Cette grille descend sur cette planète qui doit entrer dans un nouveau schéma d'expérience et de vie.

Chacun de vous sera interrogé sur sa décision d'intégrer ou non, puis de canaliser, cette nouvelle expression et de se mettre au service de cette nouvelle trame de Vie.

En fonction de vos réponses individuelles, le collectif humain sera remodelé puis dirigé là où il est attendu, soit vers un endroit où il pourra continuer son jeu et rien d'autre. On ne va pas le *punir*, mais simplement lui signaler ceci : « Puisque tu en es là, seul cet endroit te sera profitable, car là où tu es aujourd'hui, tu n'as plus de place. »

Je vous invite donc à prendre conscience que le collectif SORIA travaille sur la grille collective de l'humanité, une grille intérieure, depuis l'année 2004, et ce, en dehors de fournir de l'information.

Lorsque ce travail sera achevé, un suivi sera assuré. En outre, une autre émission de lumière permettra à votre nouvelle grille interne de se connecter à la grille intérieure de cette planète puis à celle qui se trouve autour. Toutefois, cela ne s'arrêtera pas là, sinon l'histoire d'Urantia Gaïa serait incomplète. Une fois cette phase terminée, la grille magnétique commune ira se connecter à toutes celles déjà en synergie dans les univers afin que les informations glissent de l'une à l'autre, au profit des humanités résidentes.

Ainsi, par exemple, lorsqu'une trentaine de grilles magnétiques collectives (*autour, sur et dedans*) se mettront à résonner avec d'autres grilles collectives de planètes, des échanges d'énergie auront lieu, qui prendront des visages différents. Soit des informations glisseront d'une sphère à l'autre afin d'informer l'humanité résidente de données pouvant lui servir, soit des êtres décideront d'utiliser temporairement cette grille magnétique collective pour descendre et effectuer des visites de quelques heures, plusieurs jours, voire un mois ou un an. Puis, lorsque ces visites n'auront plus lieu de durer, ces êtres repartiront par le même chemin. Ceci ne représente qu'une possibilité parmi d'autres, mais il est temps de commencer à vous informer de ces échanges futurs.

En ce moment, on tente encore de vous faire croire qu'il n'existe pas de vie évoluée sur les autres planètes. Et lorsque certaines informations sont détournées ou arrangées, c'est toujours en vue de vous présenter ces *extra-terrestres* dans le rôle des *méchants*, alors que vous demeurez les *bons*! Ne trouvez-vous pas étonnant d'être «les bons», devant l'état actuel de votre humanité? Il y a de quoi sourire!

Pour l'instant, une grande partie de cette humanité n'en est même pas au stade de survie; ces gens sont descendus tellement bas que ce mot n'a plus de sens pour eux. C'est là une réalité. Mais voilà, dans cette réalité incarnée, vous vous présentez comme étant une panacée universelle, les maîtres incontestés de tous les univers! Bien sûr, la Création a construit des milliards de planètes uniquement pour vous faire plaisir, puisque vous êtes la seule planète habitée!

Oui, il y a des questions essentielles à se poser.

Quand certains débats sont portés devant l'opinion publique, les êtres qui les animent sont payés pour qu'ils soient discrédités et que la population finisse par en rire et se détourner de cette réalité. Bon, vous savez cela, et tellement d'informations vont encore crever votre conscience que je ne m'étendrai pas sur ce point. Mon but n'est pas d'ouvrir un débat supplémentaire; il consiste plutôt à déposer en vous des informations, certes, mais aussi des énergies. Peut-être aurez-vous senti combien les énergies dans cette salle sont fortes, créant même parfois des malaises chez certains d'entre vous.

En 2004, le collectif SORIA entre en pleine possession de son mandat, et les énergies glissant vers vous dans ces lieux, les livres ou ailleurs auront trait à cette gigantesque ouverture. Si vous ressentez d'abord des malaises, sachez que les énergies venant vous chercher ont pour but de vous offrir une grande ouverture par la suite. Vous êtes peut-être présentement dans l'inconfort, mais comprenez que nous vous apporterons du confort dans les moments à venir, lesquels naîtront dans deux ou trois jours, une semaine ou même un an, suivant ce que vous avez à déposer. Chose certaine, ce confort viendra puisque vous aurez acquis un regard différent qui vous permettra de sourire finalement de vous-mêmes, de qui vous étiez dans cette limitation volontaire pour croire qu'afin d'être, il fallait paraître.

Chers enfants de la Terre, sachez que le *paraître* sera ciblé, fissuré jusqu'à l'instant où vous comprendrez qu'il faut cesser justement de paraître. Les cernes et les rides qui vous habitent ne vous font peut-être pas plaisir, parce que l'image qu'ils renvoient montre ces inconforts traversés. Et si vous osiez aimer ces rides, ces cernes et bien d'autres choses inscrites sur votre corps ! Là est la porte de l'amour inconditionnel envers vous.

L'amour inconditionnel ! Voilà encore un sujet à développer, et il est tellement plus facile de l'aborder en regardant les autres ! Oui, vous désirez aimer inconditionnellement les autres ; cela vous pose quelques soucis, mais vous voulez bien tenter de le faire. Par contre, lorsqu'on vous demande de vous aimer inconditionnellement, vous répondez tous : « Ah non, pas dans ce corps, pas comme ça ! » Oui, votre intolérance s'exprime ici, et si vous êtes intolérants vis-à-vis de vous, vous attirerez l'intolérance des autres à votre égard.

C'est là un autre sujet, et je ne veux surtout pas participer à des débats mentaux ; ils sont déjà tellement prisés sur cette planète, qu'il ne faut pas en rajouter. Au contraire, je souhaite dire à chacun : « Aime-toi tel que tu es dans l'instant présent, avec tes qualités et tes défauts. Aime-toi dans ce corps qui t'a été remis et qui représente un grand acte d'amour. Aime-toi sans raison. » Ce qui ne veut pas dire qu'il ne faut que vous aimer et ne plus regarder les autres ! Ne tombez pas dans ce travers. Mais peu de vous le feraient en réalité, car vous êtes tellement éloignés de l'essence même de l'amour envers vous que je peux vous certifier qu'il y a de bonnes séances de travail à pénétrer avant de pouvoir remettre une telle phase à l'Univers, et *être*.

Cette année [2004] sera surtout ce que vous en ferez. Ne cherchez donc pas à l'extérieur des éléments grandioses ; sachez plutôt que de tels événements se cachent à l'intérieur de vous.

Avant de vous quitter, de vous retourner à votre quotidien, je veux vous dire que cette salle a été animée par vos Créateurs, par vos Moi supérieurs et par les Maîtres de l'intérieur de cette planète. Ils vous ont accompagnés pendant tout ce laps de temps où je me suis exprimée, accueillant ces ouvertures, ces rétractions, ces plaisirs et ces malaises. Ils en ont d'ailleurs tiré un enseignement et sont prêts tout au long de cette année à vous aider à tracer un chemin où il vous sera possible de trouver un peu de stabilité, de bonheur à *être* au quotidien.

Plus que jamais, je tiens à vous rappeler que pour trouver la paix en vous et dans ce monde, vous devrez réinvestir votre quotidien et qui vous êtes dans l'instant présent. Aucune grande démonstration n'est requise de votre part ; vous n'avez qu'à installer la paix dans votre vécu. Là, de grandes améliorations surviendront.

Jusqu'au début de 2004, le collectif SORIA a surtout transmis des informations. Toutefois, il a de plus envoyé des tests afin de voir comment cette humanité réagirait. En tant qu'énergie primordiale, nous sommes à l'origine même de l'essence différenciée et nous voulions vraiment voir comment cette humanité allait réagir avec nous.

Je peux affirmer qu'une de vos réactions a été de vouloir assujettir l'énergie primordiale, l'origine de toutes les énergies différenciées, dans un moule limitatif. Vous avez en effet tenté de dévier la trajectoire de nos énergies au cours de cette première phase de contrat, pour éviter d'être dérangés. Nous avons laissé faire, car nous avions besoin de toutes ces informations.

Avec l'ouverture de l'année 2004 et le travail sur la grille magnétique humaine, nous cessons les tests, ayant toutes les données attendues, et commençons à faire couler les énergies relatives à la transformation de la grille magnétique intérieure.

Voilà pourquoi je vous invite à réinvestir VOTRE quotidien, car il y aura des instants où vous ne serez pas forcément bien dans votre peau ni dans votre tête. Si, toutefois, vous avez assez d'amour envers vous pour traverser cet inconfort, celui-ci ne sera que temporaire. À vous de savoir si vous désirez, ou non, vivre une transformation intérieure ; ce choix vous appartient.

Sur ces mots, je vais me retirer. Comme à mon habitude, j'ai été très heureuse de partager cet espace entre votre monde et le mien.
Ainsi, nous nous sommes rejoints. Ainsi, nous avons fait tomber les barrières entre le monde densifié et le monde de la subtilité de l'être.
Soyez très doux envers vous dans les jours qui viendront. Sachez que vous êtes tous aimés et que le seul être qui ne vous aime pas, c'est vous.

J'invite chacun à voyager à l'intérieur de lui-même pour se retrouver, s'émanciper et devenir responsable.
Bon voyage !

*Intervention du Maître Cristal
de notre Super-Univers
Père/Mère de l'énergie cristalline*

Fils et filles de la Vie,
Je viens à vous afin qu'un jour, vous puissiez concevoir de revenir à moi.
Je suis la Lumière et la Vie, comme vous, d'ailleurs. Je suis le cœur de la vie de toute chose et je viens à mon tour vous rappeler qui vous êtes.

Il est en vous des inscriptions que j'ai déposées depuis l'aube des temps, en prévision d'un rendez-vous à venir où vous voudriez bien entrouvrir la porte à votre réalité supérieure.
On vous l'a dit : rien n'est à acquérir à l'extérieur. Vous devez apprendre à VOUS connaître et, surtout, à VOUS aimer. Car, si l'Amour est libérateur, il libère d'abord en vous le potentiel d'identité de qui vous êtes. Aussi, sans connaissance de celui-ci, il n'y a point de retour à l'Unité et à l'Identité. Il n'y a point de retour en vue de la réconciliation. Il n'y a point de retour à la plénitude.
L'Amour sous-tend toute chose, toute création ; il est le seul langage universel saisi par toutes les particules de lumière issues du *Soleil Central*. L'Amour est une géométrie, et une fréquence. C'est LA géométrie et LA fréquence de Celui qui EST, Celui qui demeure.

Vous en êtes issus, et je désire souligner ici à quel point vous êtes tous unis, à quel point vous êtes UN.

Cependant, à force de jouer la séparativité de jeu en jeu, vous avez créé la division — dans votre famille, dans les règnes de la nature –, et vous voici à un point où vous en créez une dans votre corps. Votre humanité se distingue par la division !

Pourtant, dans ce terrain d'apparence marécageuse a émergé une fleur nouvelle, au parfum tout aussi nouveau. Nous qui veillons sur cette graine depuis l'origine attendions de la voir enfin s'élever au-delà de la tourbe que vous avez bien voulu lui offrir.

Je suis et je demeure une Force de l'Origine, la Lumière et la Vie, et ce, depuis l'aube des temps, jusqu'à la fin des temps. Car tout est boucle, tout est cycle et tout est mouvement. Quant à vous, vous êtes suspendus, l'espace d'un instant, dans une réalité artificielle créée de toutes pièces par votre mental humain. Nous avons respecté les contraintes et les limitations de votre expérience par amour pour vous. Par amour pour vous, il nous est aussi permis d'y mettre une limite, et vous avez atteint la limite prévue dans le cadre de cette expérience.

Le mouvement de la Vie s'est remis en marche ; non pas qu'il avait cessé, mais il avait voilé son avance, suspendu ses forces et retenu son souffle afin de vous permettre d'aller jusqu'au bout de votre inconscience. Car, n'est-ce pas pure inconscience de concevoir une existence coupée de son Père/Mère, du Fleuve de la Vie et des nourritures que celle-ci vous attribue depuis l'origine ?

Dans ce jeu d'expérience, vous vous êtes épuisés, dispersés, désorganisés, essoufflés, parvenant enfin, mais bien las, à ce grand rendez-vous d'ordre cosmique, je vous le rappelle.

Aujourd'hui, l'Univers entier s'apprête à connaître une initiation qui sera ressentie par chaque particule de Vie, dans tout le cosmos. Pour vous, elle signifiera un changement de conscience vers un autre état. Elle sera significative dans vos corps, dans vos âmes et dans vos esprits.

Vous recevrez une empreinte qui ne vous quittera jamais. Vous êtes bel et bien entourés, honorés pour votre présence en ces lieux, en cet instant, car vous allez en effet recevoir une inscription, une forte empreinte que beaucoup même vous envieront à l'avenir !

Pourquoi cette planète apparemment si insignifiante a-t-elle retenu l'attention des Forces de l'Origine ? Pourquoi les Forces de l'Origine sont-elles à son chevet aujourd'hui ? Pourquoi les humains, qui considèrent si peu la Vie en eux, ont-ils autant d'importance ? Et pourquoi tant nous époumoner à vous faire entendre la vraie réalité, votre suprême réalité, celle qui est déposée en vous ? Tout simplement parce que vous êtes l'écrin d'un joyau qui s'ignore, des porteurs de lumière qui dorment. Néanmoins, ma force et ma volonté sont déposées en chacun de vous. Et ne vous en *gargarisez* pas, puisque j'ai déposé mon Essence à l'intérieur de tout ce qui vit dans ce Super-Univers !

Je suis la Lumière et la Vie, et si elles viennent aujourd'hui, par le biais d'une voix, vous faire entendre une pensée qui leur appartient, c'est pour vous soutenir au cours de ce réveil qui va désormais vous obliger à vous hisser et à vous affirmer dans votre réalité suprême.

« Je suis la Lumière et la Vie. » Ces mots sont déjà inscrits dans l'éther de votre Terre. Il y a près de deux mille ans, ils ont été déposés dans la terre de votre chair par un Être issu du Cœur de l'Univers. Je vous rappelle que vous portez son inscription, car tels furent sa volonté et son don. Je vous rappelle aussi que cette planète porte sa signature à jamais.

Il n'est pas question de la volonté de l'un ou de l'autre ; il y a UNE volonté et elle porte un sentiment, celui de l'Amour. Ce sentiment est véhiculé par une géométrie, laquelle est encodée dans tous les cristaux évoluant dans l'Univers.

Je suis Fils *Cristal*, Père/Mère dans ce Super-Univers, et j'irrigue chaque forme de Vie de ma radiance. Jusqu'à présent, si le silence a été mon choix, je profite de l'avancée universelle pour m'avancer moi-même et me révéler davantage.

Que ceux qui ont tenté ici de posséder la Vie s'inclinent aujourd'hui, car il ne sera désormais plus permis, compte tenu de la dimension dans laquelle vous entrez, d'assujettir quelque forme de Vie que ce soit, en vous ou autour de vous.

Il sera temps, pour ceux qui éprouveront encore le besoin de jouer avec l'énergie, le pouvoir de l'autre et d'en abuser, de saluer cette terre et la partie de l'humanité qui choisira d'y demeurer. Dorénavant, aucune concession ne sera faite aux êtres qui tenteront de déformer la Vie.

Issus d'une même *Matrice,* vous êtes tous frères et sœurs, et l'énergie qui vous structure est la même. Elle a des supports, des cristallisations différentes, mais vous avez déchiré son tissu matriciel même, celui qui vous a donné naissance et qui vous nourrit depuis toujours. Pouvez-vous concevoir cela ? Pouvez-vous admettre que vous avez égratigné la Matrice universelle à force d'ignorance, de préjugés et d'inconscience ? Pouvez-vous cette fois concevoir que seul l'amour, uniquement l'amour, pourra réparer chaque déchirure, requalifier chaque atome et chaque particule que vous avez ainsi disqualifiée ?

L'Amour, car la Matrice de Vie ne répond qu'à ce seul mot, cette seule fréquence, restera le véritable jeu de notre aventure à tous. Ce sera la puissance de l'Amour comme vous ne l'avez pas encore comprise. Et, pourtant, dans vos méandres au quotidien, dans vos désespoirs, vos déconvenues et vos désillusions, c'est bien l'Amour que vous expérimentez. Avez-vous observé que, souvent, on approche une qualité par son contraire avant d'en trouver la perfection ? C'est là ce que vous avez fait à une grande échelle.

Je suis venu vous dire qu'il faut désormais vous ancrer dans les forces présentes en vous depuis l'origine et dans les enseignements étudiés tout au long de votre parcours. Il est temps d'unir en vous les opposés, le Ciel et la Terre, la femelle et le mâle, l'Ombre et la Lumière. La Lumière de Vie, celle qui est déposée en tous, celle qui EST, qui trône depuis l'origine des temps sur tous les mondes, attend simplement ce positionnement, cet enracinement en chacun.

Je parle d'enracinement, et c'est ce que j'ai moi-même fait dès l'instant où je fus autorisée à pénétrer l'aura de cette Terre.

Ces dernières années (*depuis 2002*), j'ai ancré mon énergie dans les corps subtils de votre planète, cet être vivant dont le cœur bat et qui est AMOUR depuis sa naissance.

Si elle aussi a voilé sa face afin que vous puissiez jouer vos jeux d'enfants gâtés, sachez qu'aujourd'hui elle va elle-même faire glisser les voiles encombrants qui l'ont enserrée. Elle va dénouer les jougs qui l'ont étranglée et secouer ce lourd vêtement, cette chape de plomb qui lui fut imposée. De la sorte, elle va elle aussi révéler de l'intérieur la lumière qui est la mienne, car, je vous le dis, son essence et sa structure sont issues du cœur du Soleil, les codes inscrits en elle sont ceux qui ont été transmis par la volonté divine cristalline. Si elle a été autorisée à franchir ses pas d'une phase à l'autre comme toute créature en évolution, il n'en demeure pas moins que son potentiel est puissant. Au-delà des apparences, inconfortables pour elle également, elle révèle un des plus beaux joyaux de cet Univers.

Ne vous étonnez donc point que les Forces de l'Origine, en cette séquence de temps, se déplacent à ses côtés, car, dans leur cœur, elles n'ont cessé de la porter telle qu'elle est, telle qu'elle fut conçue et telle qu'elle sera dans sa réalisation. Aussi, avons-nous placé autour d'elle les Êtres les plus puissants, les plus aimants qui soient.

J'ai moi-même descendu mes racines dans ses manteaux, dans sa chair, jusque dans ses cellules. Dès à présent, je vais commencer à émettre une radiance nouvelle ; celle-ci viendra tel un cri ou un nouveau souffle, un peu comme à la naissance de l'enfant dans votre espace-temps. La Terre aussi va pousser son cri, un cri de douleur et de libération. Cri de joie et cri d'amour ! Et je demanderai à chacun de vous, en ces instants où la Terre va se mouvoir pour se dégager de ce qui l'encombre, de se tenir également à ses côtés. Car c'est ainsi que vous guérirez à la fois les blessures que vous lui avez faites et la blessure que vous vous êtes imposée.

Je vous demanderai donc d'être fidèles au rendez-vous que la Vie vous a ordonné et que vous vous êtes ordonné.

Je réponds ici à ce rendez-vous fixé à l'origine des temps pour cette heure tant attendue. Moi-même, j'ai quitté la demeure du Sans-Nom de façon à pouvoir voyager maintenant à vos côtés et aux côtés d'Urantia. Mais vous ne pourrez pénétrer ma demeure que si vous me permettez de m'installer sans condition dans la vôtre.

La voie de **Résonance** est celle de l'énergie cristalline par essence. Il est dit que vous communiquez vraiment entre vous à partir du moment où vous parlez le même langage, où vous émettez des vibrations sur la même fréquence de qualité de lumière. Cet avertissement est encodé dans tous les règnes qui vous entourent depuis le début de votre aventure, et vos corps reçoivent, toujours et encore, des informations. D'ailleurs, ils en recevront jusqu'à saturation... jusqu'à ce que vous LÂCHIEZ PRISE ! Puisqu'il ne vous reste que cela à faire. C'est au sein de cet abandon que se trouve la Vie.

Observez les dépôts que j'ai faits chez les frères minéraux, végétaux et animaux qui vous entourent. La puissance que j'ai déposée en eux est la même. Il n'y a pas deux puissances, il n'en existe qu'une, qui se décline pour la joie ! Et ce n'est pas parce que ces frères se taisent qu'ils sont consentants, qu'ils n'ont rien d'important à vous transmettre. Le silence est MA matrice. Aussi, souvent, j'ai laissé les plus beaux de mes enseignements dans le silence.

Et pour cette Terre j'ai dressé une cathédrale à laquelle j'ai donné des piliers. Ces derniers se trouvent dans chaque règne, chaque espèce, y compris la vôtre bien sûr, mais tous sont portés de la même manière et tendent dans la même direction. Tous accueillent la même lumière. Pour que cette cathédrale émette sa radiance, il faut que tous ces piliers entrent en syntonie afin que toutes les couleurs de l'Arc-en-ciel dispersées se rassemblent. Mais pour cela, un acte d'amour et de reconnaissance est nécessaire.

Dans le silence déposé dans les autres règnes durant votre parcours, il y avait ce message, lequel va se révéler aujourd'hui à votre humanité, d'une manière ou d'une autre. Je participerai moi-même à sa révélation. Oh, pas tant par des mots que par les rendez-vous que je vais fixer à chacun d'entre vous. Il vous sera offert, dans ces prochaines années, de vous trouver face à face avec l'énergie des frères de ces autres règnes que vous avez souvent jugés inférieurs, et la leçon que vous négligiez d'apprendre risque alors d'être magistrale. Aussi, je vous invite à beaucoup d'humilité et de douceur lorsque vous comprendrez vraiment le jeu que la Vie vous a offert.

Déjà, un autre espace-temps se définit pour votre humanité. Un espace de refonte où l'alchimie révélera les premiers éclats. Un espace d'exigence également, car il vous faudra manifester qui vous êtes vraiment. Les dernières heures de la nuit noire de votre groupe humain ont sonné. Il est vrai qu'en ces circonstances vous n'aurez d'appui que dans les valeurs universelles déposées en vous. Les aurez-vous entretenues ? Dans l'affirmative, elles vous porteront. Si vous les avez négligées, elles vous négligeront à leur tour. L'heure est venue de cesser de croire et de paraître ; il vous suffit d'être la racine de votre identité divine. Cela n'a rien d'extraordinaire, puisque vous êtes tous faits pour cela. L'incongruité réside dans la difficulté de vous affirmer et de vivre en et par la lumière qui vous habite.

Nous vous accompagnons dans vos méandres, nous épousons vos moules afin de vous en extraire, et nous venons vous solliciter d'épouser notre vision, celle de la Vie manifestée UNE.

Je réponds à la volonté de Celui qui conçoit et nourrit toute vie. Il est l'heure pour moi d'entrer dans la révélation de l'identité de cette planète bien-aimée. Si votre désir est mûr pour glisser dans le mouvement, soyez assurés que nos mains de ce côté du voile vous aideront à la transformation qui s'impose. Que votre regard s'aligne avec fermeté et douceur, avec sagesse et joie au centre du mouvement matriciel qui nous lie tous. La Terre est une matrice où nous connaîtrons encore les aléas de la croissance mais aussi toutes les gerbes de Vie qui s'en dégageront. Mon plaisir est d'assister à ce renouveau, d'y présider tout en diffusant les impacts voulus, mais je ne suis qu'un assistant dans l'expulsion d'Urantia Gaïa vers sa destinée suprême. Ma joie demeure égale, la beauté d'un être ne se révélant que dans sa liberté d'expression. Que le ressort qui vous a tous comprimés vous donne la force de vous déployer avec autant de volonté dans les strates supérieures de l'esprit.

Maintenant, vous et moi sommes engagés dans la spirale de délivrance d'une terre nommée Urantia Gaïa. Ces heures pourront vous sembler longues, et le jeu des illusions battra son plein jusqu'à la dernière seconde de l'avènement. Nous avons besoin d'hommes, de femmes capables de nous supporter autant que nous les avons supportés. Nous avons besoin d'êtres capables de concevoir la Vie tant dans la force que dans la spontanéité. Allez, gardez le sourire, car tôt ou tard vous y parviendrez. Hissez-vous sur la marche qui se présente devant vous ; nous ne pouvons le faire à votre place.

Que la paix enfouie dans vos cellules rayonne, que la lumière des étoiles de vos Pères scintille au cœur même de la nuit humaine, et le jour viendra bientôt de cette Terre nouvelle.

Nous en portons le destin, la vie et les schémas d'expansion. Soyez donc désormais des êtres de vie d'expansion pour le bien de tous.

En ces heures de transformation, honorez tous les mouvements et ne cédez pas à la critique ni au mépris, surtout vis-à-vis de vous-mêmes. Désamorcez les mines avec votre patience afin qu'elles devienne la fleur nommée compassion.

Ensemble, nous marchons vers un jour nouveau. Pour l'instant, le rideau tombe sur une scène ; c'est le moment de changer les décors et les rôles. Le grand metteur en scène souffle sa pensée, suivez-la. Dénudez-vous pour vous rhabiller et, surtout, changez de discours !

Avec grâce et puissance, la Vie frappe à votre porte ; reconnaissez-vous en elle et elle se reconnaîtra en vous. Enfants, il est l'heure de reprendre votre simplicité, d'en teinter votre existence et de l'exhaler.

D'autres rendez-vous viendront ; nous suivons vos mouvements et restons présents comme jamais, mais ayez confiance en vous !

Que ma lumière vous ramène en ce lieu de votre cœur où j'ai planté mon jardin. Là où nous aimons tous nous retrouver autour de la source de Vie.

Message du Maître des Nombres vivants

Le voile se rétrécit entre vous et nous. Nos énergies touchent les vôtres ; ce contact engendre un mouvement à l'intérieur de votre géométrie.

La grille magnétique de l'humain se construit sur une nouvelle forme. Cette structure propose un support ravissant l'esprit universel.

Oh, l'approche du monde universel par votre humanité reste déplorable à nos yeux. Nous devons taire nos réticences à communiquer de nouveau avec vous. Seul le début de vos efforts interpelle nos propres efforts en vue de vous côtoyer de plus près.

Nous connaissons parfaitement les limitations mentales et affectives liées aux basses fréquences de la vie de ce corps que vous investissez et, pour cause, puisque nous sommes parmi vos créateurs.

Au moment de l'élaboration de votre prototype physique nous avions, en unissant nos forces, un panorama complet des balbutiements à accepter avant de trouver le fonctionnement correct de ce corps complexe dans ses possibles.

Nous, Anauchay, avons ainsi offert notre science étendue de la trajectoire de la géométrie sacrée.

Ma partenaire de l'instant tente de comprendre pourquoi j'utilise le mot *trajectoire* à propos de la géométrie sacrée universelle. Dans la présente situation de votre ouverture vers l'ascension du plan mental supérieur, j'emploierai un langage simple et laisserai la complexité de la chimie adjacente à la géométrie sacrée.

Permettez-moi, avec beaucoup de douceur et d'amour, de vous rappeler que votre vision de la vie de la géométrie est éloignée de la réalité.

Le mental inférieur, dans l'état de conscience actuel de cette humanité, reste trop actif. Il n'ouvre les portes au mental relié aux concepts universels que peu souvent, et pas suffisamment.

La forme géométrique, quelle qu'elle soit, représente la trajectoire de la lumière et de son énergie. En vérité, c'est le mouvement induit au cœur de la lumière qui donne une construction dénommée géométrie.

Aussi, humains en étude et en reconnaissance du Soi, le temps est venu pour vous de revisiter vos concepts de la Vie. Vous ne pouvez avancer plus avant dans la compréhension des forces qui vous habitent en vous appuyant encore sur des données n'offrant plus d'expansion.

Si, aujourd'hui, je reprends volontairement contact avec l'une des vôtres, j'espère que mes énergies-lumière ondulant dans votre monde donneront une poussée décisive à votre volonté. Nous attendons de vous que celle-ci s'arc-boute et devienne le réceptacle parfait de votre propre énergie-lumière.

Le temps est venu d'employer les bons termes. Vous parlez de votre aura sans pénétrer la totalité du savoir rattaché à ce mot.

Aussi, en bon scientifique géophysicien et mathématicien, j'aborde la question de l'énergie-lumière puisque vous n'êtes que cela. Vous êtes de l'énergie-lumière se propageant sur des couleurs, des sons, des formes et des parfums spécifiques.

En réalité, les couleurs, les sons, les formes et les parfums ouvrent ou ferment vos énergies-lumière selon les schémas entreposés dans la cellule mère. N'en doutez pas, il s'agit bien de codes mathématiques conduisant à une géométrie.

Aussi, par ce premier contact, je viens vous dire que vous êtes le fruit de l'union d'une série de codes mathématiques.

Je suis d'accord avec vous : l'énoncé de cette révélation porte peu d'amour ! Pourtant, nous avons scellé notre amour pour la Vie universelle afin d'offrir au Sans-Nom un véhicule de chair animé par le Souffle de Vie.

Par conséquent, je souhaite que ces quelques mots engendrent des questionnements.
Ces derniers favoriseront un alignement énergétique qui sera très certainement bénéfique au reformatage des structures géométriques de la pensée humaine.

Fidèles à notre parole, nous vous accordons la possibilité de nous démontrer votre force à retrouver la fluidité du mouvement intérieur.
Si vous disposez d'autant de corps subtils, et ce, malgré votre incapacité actuelle à les maîtriser, c'est bien pour vous rappeler l'union des Créateurs au moment de la réalisation de ce prototype.

Cet échange s'inscrit au sein de notre confiance renouvelée envers vous.
Nous tendons notre énergie-lumière jusqu'à vous dans le but de rejoindre la vôtre.
Personnellement, j'attends de l'amour, de la maîtrise et une envie de saisir le sens caché des Maîtres Nombres animant votre vie dans ce corps physique.

Pour terminer, laissez-moi vous dire que sans les nombres, la mathématique, vous ne comprendrez pas comment maîtriser ce véhicule physique et ses corps subtils.

Alors, intégrez chaque aspect de vos Créateurs et faites-en la synthèse. De cette manière, vous saisirez que chacun a offert un aspect de l'énergie-lumière et que vous atteindrez la Lumière en les respectant tous.

Seuls la paix et l'amour de la Vie universelle guideront vos pas vers les clés du savoir.

En vue de réaliser ce devenir, vos Créateurs acceptent de reprendre contact avec vous tout en gardant une réticence à vous croire prêts cette fois et volontaires pour maîtriser la plus performante machine vivante que les Créateurs ont donnée au Sans-Nom.

Seule la confiance illimitée démontrée par les Forces primordiales envers vous a déterminé ce contact.

En toute égalité,

*Anotus, Maître des Nombres vivants,
de la constellation du Chien mineur [ou Petit Chien]*

Notes de Régine et de Didier

Dans la douceur de mon être, ce livre a émergé au rythme de la voix de Soria.

Nous voici parvenus à un moment de profonde rencontre avec la Vie. Nos faiblesses se montrent et nous sommes amenés à puiser en nous nos trésors cachés depuis longtemps.

En ce temps riche de transformations, je suis heureuse de vous avoir transmis cet ouvrage. J'espère que vous y avez trouvé des informations et des repères pour le changement de visage de nos vies à tous.

Dans cette matrice de mutation, la fatigue physique est souvent présente ; n'hésitez pas à prendre du repos et à vous aérer un peu. À la sollicitation de l'instant présent s'ajoute la sagesse des gestes simples. La lumière naît de l'intérieur, devient une racine solide pour ce passage. Appuyons-nous sur les sentiments nobles et privilégions les actes fraternels en les installant au sein de notre quotidien, lequel reste la première matrice de notre rendez-vous avec la Vie. Certes, de grandes choses semblent possibles, mais n'attendons pas pour les introduire dans nos existences. Les gestes au jour le jour deviendront de grands actes dans la vision universelle.

Le temps est donc venu de se comporter comme les grands frères et de quitter nos vieux vêtements désormais trop étroits. Au cœur de cette rencontre avec vous-mêmes, faites comme moi : parlez aux plantes, aux animaux et à tout ce qui vous entoure. Oh, on n'obtient pas toujours une réponse directe! En ce qui me concerne, je l'enregistre souvent un peu plus tard. C'est ainsi que naissent les coïncidences, les synchronicités.

La Vie est pleine de surprises, de bienfaits pour qui les appelle. Pourquoi ne serait-ce pas le cas pour vous? Quand on revient dans son cœur d'enfant, la magie opère. Par conséquent, je vous souhaite de redécouvrir toute la magie de la Vie, celle qui ne cherche pas une mainmise sur l'autre.

Régine

Drôle de jeu de piste que celui qui se déroule pour nous en ces heures. Certaines choses ne nous soutiennent plus, d'autres semblent se profiler dans nos vies, et ce rythme s'accélère. Nous voyons bouger le temps, l'espace parfois, et la seule confiance qui prévaut alors est celle que l'on a su véritablement établir en soi. Il est vraiment désuet de *chercher les poux sur la tête de l'autre*; d'ailleurs, nous n'en aurons plus le temps bientôt. Bon gré mal gré, cette humanité s'avance vers le Respect inconditionnel.

Il y a des marches dans un escalier, et aussi des paliers. Tout nous porte à croire que nous franchissons l'un de ces paliers. Les visites des Responsables universels, tous règnes et toutes lignées confondus, et les propos tenus nous indiquent que l'heure cruciale est là. Leur prévenance et leurs conseils se sont déposés; glissons maintenant dans cette sagesse vitale.

Ce livre nous a fait l'effet d'une *passation de pouvoirs*. Il reste maintenant à chacun de décider quoi faire du sien.

Le monde de la Nature s'ouvre de nouveau et les esprits des quatre éléments, des animaux, et les fées observent nos attitudes. L'énergie cristalline s'intensifie d'un palier à l'autre et monte du cœur de la Terre de la même manière. De grands yeux nous regardent... Heureux ceux qui soutiendront ce regard. C'est qu'ils auront établi en eux ce regard, qui est la clé du mouvement libre dans l'oscillation de la Vie.

Avec mes fraternelles salutations,

Didier

Calendrier 2007

Matrices d'enseignement et d'échange
SORIA

Martinique
30-31 mars et 1er avril
Joindre Jacques : 05-96-76-20-74

France
Mulhouse : 18-19-20 mai
Royan : 27-28-29 avril

Grenoble et Nantes : (dates à préciser)
Écrire à Régine Fauze : B. P. 11, 46270 BAGNAC.
(Inclure une enveloppe-réponse dûment affranchie.)

Belgique
Bruxelles : conférence le 6 juin
Overijse : 8-9-10 juin
Joindre Philippe : (00-32) 657 75 45

Québec
Montréal : septembre (conférence et atelier)
Joindre Simone : (514) 739-7653

Saint-Damien-de-Brandon : septembre
Joindre Claude : *(450) 835-5730*

Deux-Montagnes : 21-22-23 septembre
Joindre Antoinette : (450) 473-7848

Exemples de livres d'éveil publiés aux Éditions Ariane

Créateur d'avant-garde
Et l'Univers disparaîtra
Transpacence II
Nirvana
Nouvelle Terre
Science et champ akashique
Les confessions d'un assassin financier
Sagesse africaine
Médecine énergétique
Au-delà du portail
Accéder à son énergie sacrée
L'Envolée humaine
Le cercle de grâce
Réalisation Solaire
L'Intelligence intuitive du cœur
L'univers informé
Guérir de la détresse émotionnelle
L'Âme de l'argent
Cercles de Paroles
Entrer dans le Jardin Sacré
Jeu de cartes — L'Oracle de la Nouvelle Conscience
Un nouveau don de Lumière
Le Dieu de demain
Le pouvoir de créer
Vivre dans le cœur
Le code de dieu
Le pouvoir du moment présent